保護犬タック
命の奇蹟

サイキックカウンセラー
ゆりあ（優李阿）

KKロングセラーズ

まえがき

この本は、保健所から引き取られた犬が、愛と躾《しつけ》を通して生まれ変わっていく――シンデレラストーリーです。ただ普通と違っていたのは飼い主がサイキッカー（超能力者）であったこと。だから、眼に見えないスピリチュアルな視点で書いています。

新しい飼い主となった私のもとでタック（ＴＡＫ）という名前を付けて、ここから、新しい犬生の始まりで運命の輪が回り始めました。

タックとの出会いはまさしく運命ともいえるもの。その出会いは私の人生を一八〇度変える神がかりの奇蹟にほかなりませんでした。

殺処分される一日前に引き取った秋田犬とシェパードのミックスの雄、タック。

元飼い主に「咬傷犬」として持ち込まれて誰もがスルーし、この犬に目をとめる人はいなかった。しかし、私の心の中で、何故か「この子だ」とつぶやくものがあった。

誰も信用せず、攻撃的で唸ることから新しい引き取り手は難航して、この犬を救えるのはもう自分しかいないと、清水の舞台から飛び降りる気持ちで引き取ることを決意。殺処分の期限最後の二〇一六年一〇月四日の午後のこと。

出会ってからのこれまでの経過を振り返ってみると、魔法のように心ある人の手によって命のリレーがバトンタッチされていき、一秒の狂いもなく、あり得ないシンクロが重なって導かれるように起こりえた奇蹟でした。

人を全く信用しない猛犬が、愛と躾によって、今は前の姿からは想像もつかないような優しく賢い犬に成長していきました。

私はタックと出会って、たくさんのことを経験させてもらい、一緒に成長していっていろいろなことに自信がつきました。そしてこの本を書こうと思ったのです。

タックのように見捨てられた犬も、どうにかして生きる可能性をつかんでほしい、そして、日本から虐待や殺処分をなくしていきたい、私の出発点はここから始まりました。

私に今できるたったひとつのことは、この体当たりのストーリーを形にして発信することです。

この殺処分という酷い現実をどうやって伝えたらいいのだろう？　若くもない、病み上がりの女一人が、社会に訴えて、分かってもらえるにはどうしたら良いのか。まず現実を知ってもらうことが大切だと思いました。そして、このような現実を少しでもなくすためには、一人一人の命に対する価値観を変えていくしかない。

そのためには、これまでのタックとのいきさつを、本を通してなら分かりやすく伝えられるかもしれない。私に今できるのは、このリアルな物語を形にして発信することだと思いました。

咬傷犬とレッテルを張られた、殺処分の対象だった子が、地獄の淵から這い上がって、ここまで上り詰めることができた過程を、実際に見てもらうことが大事なのだと。

生きる道を絶たれそうになっている子達、そんな殺される運命にある子を助けたい。殺される運命にある子をどうにかして助けてあげたいと思ってくれる人が一人でも増えますように。

蜘蛛の糸のお話のように、タックを先頭に死ぬ運命にある子達も誰かの目に留まって後に続いて、一緒に這い上がって来られる。そんなチャンスが増えてくることを念じて書きました。

タックは体当たりで教えてくれました。どんなに問題ある子でも、忍耐と訓練、信頼関係を通して、人間の素晴らしい伴侶になれるということを。

そして最も大切な生きること、そして、愛することの意味を。

私はこの本を通して、殺処分対象でもこのような素晴らしい犬たちがいるということを伝えたいのです。そして、日本中、世界中に今この瞬間もタックのような殺処分待ちの子たちがいることを知ってほしい。

これからも様々なことに挑戦し続けるタックが、他の犬や猫を救える道を切り開くことができると信じています。

第二のタックのストーリーは、これから出会うあなたの犬かもしれません。

ゆりあ（優李阿）

●保護犬タック　命の奇蹟●もくじ

第1章　命のタイムリミット

第2章　咬傷犬と呼ばれて

第3章　捨て犬の希望の星　タック

第4章　運命共同体と助け合って生きる

第5章　運命は変えられる

第1章　命のタイムリミット

運命的な出会いは突然に

四三、二一六という数字。何を示していると思いますか？　これは平成二九年度、自治体に収容されてやむなく殺処分された動物（イヌ、ネコ）の数です。

平成二八年度の殺処分数五五、九九八に比べて殺処分数は減少傾向にはありますが、今でも毎日どこかの自治体で殺処分は行われています。

この本の主役、殺処分直前に救い出されたタックもこの数字のプラス一頭になる運命でした。飼い主の持ち込みで保健所に収容された、米軍基地のベースキャンプにいたアメリカ生まれの秋田犬とシェパードミックス AkitaShepherd の雄をＳＮＳで知り、そこからが運命の出会いの始まりでした。

捨てられた犬に名前はなし　管理番号：28-1-131

当時のリアルタイムの「ペットのおうち」でタックを担当していた方の Instagram の内容です。

「管理番号：28-1-131　雑種　性別：オス 大きさ：中型 毛色：茶 その他：マイクロチップあり、怖がり、知らない人が触ろうとすると吠えたり咬んだりするらしい。シェパードＭＩＸ、推定五カ月の男の子。

現在岩国健康福祉センターに収容されています。マイクロチップあります。

命の期限は一週間、待ってはくれません。どうかこの可愛い子の命をつないで下さい。宜しくお願い致します」

九月二三日追記
「推定五カ月シェパードＭＩＸの男の子は、飼い主の持ち込みのため、永遠に飼い主のお迎えはありません。

人が近づくと怯えて唸る。怖いんだろうね、ぶるぶる震えていたようです。聞くだけでも胸が張り裂けそうな気持ちです。

この子の性格や特性全てを理解し、迎えて下さる家族、愛護団体様がおられましたらダイレクトメールまたはペットのおうちよりご連絡下さい。

命の期限が二九日と迫っております！　どうかどうかこの子の幸せをつないで下さ

い。宜しくお願い致します！」

九月二六日追記

「飼い主の持ち込みのまだ五カ月しか生きていないこの子の里親募集二六日夜時点でありません。

家族として迎えたいという方、愛護団体さんはダイレクトメールまたはペットのおうちからご連絡下さい。質問でも構いません。

どうかどうか宜しくお願い致します！」

九月二八日追記

「状況は変わりません……この子まだ決まりません。家族として迎えたいと考えている方、愛護団体さんメール下さい。どうかお願いします。

この子にも会いました。隅の方で全く動かず、近付くと唸りますが、逃げようともしません。ブルブル震えていました。

なぜここに連れて来られたか分からず、狭く外も見られない環境で、飼い主は迎え

俺を助けに来い!!

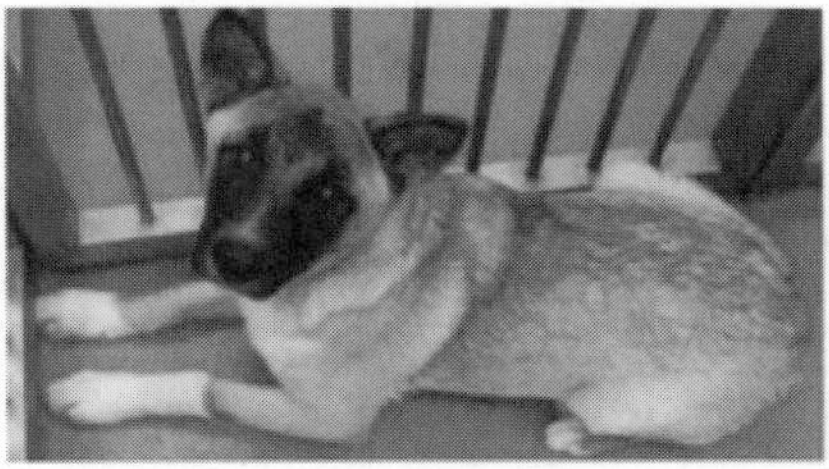

保健所で待っているぞ!!

期限切迫!!
待っています

に来ない。とても怖いんだろうな……とても悲しそうな目で見られると涙が出ました。

中型犬とのことですが、たった五カ月くらいしか生きていないこの子は思ったより小柄でした……どうかこの子を長い目で見てくれる優しい家族に迎えて欲しいです。

どうかどうかお願い致します。この子の命の期限は迫ってきています！」

九月二九日追記
「本日も保健所へ問い合わせしました。この子まだ、決まっていません……辛いです……」

二〇一六年秋の当時、私は退院してようやく一年が過ぎて、まだ本調子ではありませんでしたが、体力が回復しつつある段階でした。

『猫が生まれ変わって恩返しするとき』（ロングセラーズ刊）に書いていますが、プードル二匹とチワワ一匹の三頭の訳ありの犬と猫二匹と暮らしていました。

Instagramで収容されたその日、九月二一日から見ていて、その子の悲しそうな眼が忘れられなくて、脳裏に焼き付いてしまいました。何をしていてもまたすぐ思い出して、毎日ペットのおうちなど情報を開き、まだ掲載されている……引き取り手はいないのか？とやきもきしながら拡散していました。

一週間経って二九日になっても、写真は掲載されたまま。ペットのおうちでこの犬の里親探しを担当している方に聞いても、問い合わせは何度もあるが、すべて断られたと聞いて愕然。

ずっとペットのおうちの担当の方とやりとりしていて、このシェパードと秋田犬のＭＩＸの期限は一週間後の本当は二九日（木）まででしたが、どうにか延長してもらったそうで、保健所がお休みの土日を挟んで次の週の一〇月三日（月）が最終期限となりました。


もうこの犬を引き取らないといけないと頭では思いながら、内心とっても迷っていました。迷う最大の理由は、小型犬ならまだしもこんな大きな犬を引き取って、若くも元気でもない女一人で実際飼えるものだろうか？

そして、捨てられて心に傷を負っているその子の全てを受け入れて、向き合ってあげることができるだろうか？　攻撃的なのにちゃんと信頼関係を構築できるだろうか？

現実的なそんなことを考えながら、時間ばかりが過ぎていきました。

次の日も、またその次の日も、自問自答の長い時間。答えは出ないまま処分されてしまう前の日になりました。

死神からの挑戦状

タックを引き取るまで、私はタイムループに陥る。
それから、死神と神の交互の言葉に翻弄されるようになります。
その日は随分と平凡で 当たり障りのない秋の一日だった。
いつものように見ていたネットから あの話が流れ出すまでは。
「この犬の命はもうすぐ終わります」と
この世のものではない誰かが、泣きながらこの話をするまでは……。

窓の外は野鳥たちが空を覆い尽くし泣き叫ぶあやしい物の怪に覆われて、書きかけていた本の原稿はそのまま。


あやしい、死神と名乗る者の声が途端に耳元に流れ出した。

「お前に救えるか？」

それは、死ぬ運命にあるこの犬を助けることができるか？　という私への挑戦状だとすぐに分かった。

机にほぼ手をつかず、震える身体をいなすようにすぐに返答をした。

「救えないわけないでしょう？」

依然耳元で声がして
「あと一日だよ」と。

「このまま何もせず全て消え去ってしまうなら、もう術はないだろうな」と
自信満々に死神は私に話しかけた。

目を覚ました。時計の針が鳴り響く。今は何時？

一〇月四日の正午過ぎくらいを指す。もう期限の時間は過ぎていた。

この犬を助けなければいけない、間に合わない、と追いかけて行こうと思っても行けない。

車で飛び出てしまったのに物凄い大渋滞で動けず、時間はもうタイムオーバー。

死神が「嘘じゃないぞ」と笑ってる。

そして間に合わなくて、「ダメだったよ」と、私は猫を抱えて家で泣いている。

悲しい猫の泣き声が耳について眠りにつく。そしてまたしても猫の鳴き声で目が覚めたら、まだ一〇月四日の正午過ぎを指している。

また現れた死神は「さっきのは夢じゃないよ」と嗤《わら》いながら、また言って去った。

そんなタイムループに入り込んでしまった中、何度繰り返しても死神が笑って奪い去る。

繰り返してもう何日か、何度も見る。間に合わず、この犬が予定通り死んでしまうという無限ループのストーリー。

何度この犬を助けようとしても、その度に毎回死神が嗤いながら、犬が無念に死んでいくのをただただ見ているだけ。
こんなことを繰り返してもう何日経っただろうか……。
どうやっても、この犬が死んでしまうという無限ループ。
そして、気がついた。この話を終わらせるには……、
この犬を救うには……、
結末は一つだけ。
自分が時空を超えて飛び、間に合って助けに行ければ、タイムループを終わらせられれば、この犬は助かると。

負のスパイラルのエンドレスの時空を終わらせるにはどうすればよいのか。

最後に決定させたのは、神である大国主命さまの内なる声でした。

「殺されるのを分かっていて見捨てることはできるのか。ここで目をつぶってしまえば、これからすべてのことを見捨てることになるだろ。これでいいのか？　この犬を救えるのはお前しかいない。今救いに行かなければ一生後悔するぞ。行け、行くのじゃ」という言葉。即座に引き取ることを決心しました。そして、すぐさま保健所に

電話をした。

するると、死神が再び現れ、

「好きにしろ」捨て台詞で逃げて行った。

「勝った！」私は大声をあげて喜んだ。

死神に勝った瞬間でした。


今度、目を覚まし時計を見てみると一〇月四日の深夜の零時過ぎ。

この時、時間が戻っている。まだ間に合うことを確認し、さっき見た夢を思い出した。あの夢はなんだったのだろうか。死神の挑戦状だ。まだ間に合う。私は睡魔を押し殺し、もう寝ないでただただ朝が来て助けに行くのを待った。

でもまだ終わってはいない。この犬を現実に救い出すまでは。


私は祈り、走り出した。ただただ神を信じて、死神を追い抜いて。

一人目指すのは逆方向、あの時空の向こうへ。

「駆け抜けろ、もう時間がない」「もう無理だ」死神の囁きももう聞こえないくらいに。ただ目指していた時空の向こうの犬がいる場所は、すぐ目の前に。全ての不安をパッと押しのけ飛び込んだ。そしてその犬は私が来るのを心待ちに待ちわびていた。

時空を超えて、ようやくここ(保健所)へ。ようやく間に合った。ゲームオーバーだ。文句ありげな死神に「ざまぁみろ、これで終わるんだ」と言ってやったら、不満そうな顔をして死神の姿が消えていった。

息も絶え絶えにたどり着いた。逃げて行く死神を映し出す保健所の暗い壁。その向こうで神は「素晴らしい」と拍手した。

繰り返されていた一〇月四日の秋の日は、ここで終わった。

私の勝利ということで、この犬の命は死神から勝ち取れた。

自分の大胆で無謀な行動を生まれて初めて褒めた瞬間でした。

よく考えてみると、死神という名の私自身の葛藤だったのかもしれなかったと、後から冷静になって思いました。

次々と押し寄せる病に苦しめられた日々の中で

これまでの著書には書いていますが、私が一人で保護活動をするようになったのは、中学時代から自己免疫疾患の難病で人生の大半入退院を繰り返し、人生がなかなかうまくいかなかったことに始まります。

発病後、闘病生活は劇薬漬けの毎日で、それでもなかなか炎症は抑えられず体が思うようにいかない。

青春時代の楽しい日々はおろか、家で普通の生活をすることもままならず、陽の当たらない、日陰の人生を送っていました。

『涙がとまらない猫たちの恩返し』（ロングセラーズ刊）に書いていますが、可哀想な境遇の犬や猫たちが自分と重なり、見殺しにするわけにはいかず、目にしたら放ってはおけませんでした。

幼少期からずっと捨て猫や訳ありの犬を救ってはどうにかしていましたので、いつも傍には猫と犬がいてお互い支え合ってきました。

彼らは私にとっての生きていくエネルギーの源、最高のセラピーキャットにセラピードッグでした。

これまでの人生の思い出のほとんどが、人ではなく猫と犬との出来事でしかないくらい、自分にとって大切な家族だったと言えます。

病状はずっと一進一退で落ち着くことはなく、一番最近では二〇一〇年の秋に突然に脳梗塞で倒れるという始末でした。幸いにも後遺症は残りませんでしたが、さらに体調を崩して、二〇一三年から二〇一五年にかけての三年間は持病の難病も悪化してしまいました。

それからずっと重篤な状態で入退院を繰り返し、半分以上は入院して耐えがたいほどの辛い日々を送ることを余儀なくされます。今思い出しても、そのときの闘病生活は本当に地獄でした。

治療しても蟻地獄のように次々と押し寄せる病と副作用にずっと苦しみ、耐えられないくらいの痛みと高熱で打ちのめされて、ステロイドなどの抗炎症剤の点滴攻撃でほとんど寝たきりの状態でした。

意識は朦朧として動くこともままならなくなって、もう何も期待することもなく、あきらめの境地で、心はすでに死んでいるも同然でした。

それでもまだ、なぜか奇蹟的に生きている。ただそれは、寿命ではなく生かされているということに他ならない。これまでにない生死をさまよう最悪な状態に陥りましたが、これまで一緒にいた猫と犬たちが、あの世から助けに駆けつけてくれて、ありえない奇蹟が起こり回復することができました。

助けてきたつもりが、一番困ったときに反対に助けてくれたのは、これまで可愛がっていた猫と犬だった……。

自分が助けていたというのは驕りで、助けられて今も生きている。私は、彼らに恩返しをしなくてはいけない。もし、自由に動けるようになったら、生きている限り一匹でも多くの不幸な境遇にある弱い立場の猫や犬たちを救っていこうと心に決めました。

死神との契約

入院中のある日、高熱にうなされているときにふと気付きました。同室の患者さんがよく亡くなりましたが、そのちょっと前には黒い服を着たおじさんがいつもいることを。

私自身も何度もあの世に行きかけては戻ることを繰り返すうちに、黒いおじさんと名付けた〝死神〟が見えるようになっていました。

誰にも見えないだろう死神が見えるというのは、死神に魂を売ったようなものでした。何故なら、すでに私は見える時空が違っていて、人の生死やこの世のものではない異次元空間の霊界のことまではっきりと見えるようになっていましたから。

人が亡くなる前に現れる死神までもリアルに見えるようになって、目には見えない様々な本質を見せつけられて、ある意味自分が普通の人間ではなくなっていることに改めて気付きました。

退院する前に、死神は、私に向かってこう言って消えました。

「寿命はとっくに終わっているおまけの人生。生きている間にその命の生死が分かったときにどうするかは自分の自由だ。これから生きたいように生きればいい」と。

それは、生かしてもらえた私と死神との契約と言ってもいいでしょう。

人をはじめとするあらゆる生あるものの生死が分かるとはどういうことか？　寿命が消えそうだと知った際に、私がどう出るのか試そうとしているのだとすぐに気づきました。

　もちろん寿命というものはあって、運命には逆らえないのかもしれない。でも、命が尽きる前の行動によって、どうにかしたら救える命もあることが時と場合にはあり得るのだ、と言いたいのです。

　死神は私を生かしてくれる代わりに、生死にまつわる恐ろしい選択を余儀なくさせる人生を送らざるを得なくなってしまった。そういった条件を付けられて生かされたことの重大さを、後になって思い知らされることになるのです。

実験犬シロの願い

　なぜ不幸な犬や猫たちをもっと救おうと考えるようになったのか。

　それは入院中にインターネットを見ていて、あまりにも衝撃を受けた「実験犬シロの願い」というサイトがきっかけでした。

　飼い主に捨てられて保健所に連れて来られて動物実験にまでされたシロを見ていると、まるで自分を見ているかのよう。あまりに長い闘病生活で、人に見捨てられ、点滴につながれっぱなしで薬漬けの再起不能と思えた自分と重なりました。

「実験犬シロの願い」

あなたは知っていますか？　捨てられた犬がどうなるのか？

動物実験により苦しめられている動物たちのことを知っていますか？

声のない動物たちの訴えに耳を傾けてみましょう。

これは、捨てられ、実験される犬たちと、そうした不幸な犬たちを救い続ける人々の実話です。

捨てられた犬たちを待ち受けているのはガス室での殺処分か、動物実験への払い下げです。飼い主に捨てられ、保健所や動物管理事務所に引き取られた犬や猫などの動物が、実は、こっそり動物実験用に渡されていたという事実は、ほとんど知られることがありませんでした。

何十年もの間、全国で行われてきたこの悪習を大きく変えさせたのが、一九九〇年の一二月に起こった「シロ」をめぐる出来事です。

シロは、飼主に虐待され捨てられ、動物管理センターに収容されたときは、まだ一歳くらいでした。

シロは、若くておとなしい犬だったために、都内の国立病院に実験用に払い下げられ、すぐに脊髄神経を切断するという、とてもつらい手術を受けました

そして、そのまま放置されていました。この実験室では、犬たちは手術後、どんな手当もしてもらえません。傷口が化膿し、膿がたまっていても、医者たちは見にも来ませんでした。

手術で体力が衰えている上に、疥癬《かいせん》という皮膚病に感染し、全身の毛が抜け落ち、このまま放置されれば、死んでしまう寸前にきていました。

足はけいれんして曲がり、タコ糸で乱暴に縫い合わされた傷口は腐り、体中の毛が抜け落ちた状態でした。

そんなとき、奇蹟的に心ある人たちに保護されましたが、その時のシロは獣医さんに安楽死を進められるほどひどい状態でした。

でも瀕死のシロを保護した人たちのあきらめない献身的な介護でシロは元気になりました。瀕死状態で保護されたシロは、温かい世話を受け、健康を回復することがで

きたのです。

保護した人たちは、この施設での動物実験廃止を求める署名を集めました。テレビや新聞に、そのことが大きく取り上げられると、日本中からシロへの励ましと、病院への抗議が殺到し、それがきっかけとなってペットの犬猫を実験に渡すという悪習がなくなったのです。

実験の後遺症は残ったものの、ふさふさと白い毛がはえ、見違えるように愛らしい犬になりました。しかし、シロは飼主の虐待で頭を強く打たれていて平衡感覚がおかしくなっていたのか、元気にはなったものの後遺症があり、フラフラしているところを車にはねられてしまい亡くなったのです。

一二月二四日、クリスマスイブの夜でした。

シロは実験室から生還してわずか一年しか生きることはできませんでした。

推定年齢わずか二歳の短い一生です。

けれども、シロの存在は、毎年何万頭もの犬や猫たちを実験の苦しみから救い出す大きな力となりました。シロが身をもって真実を伝えてくれたのです。

このことは、日本の犬や猫たちをめぐる歴史の中で、忘れられない大きな出来事の一つであるに違いありません。

二〇一二／〇八／二九 公開
井上夕香：作　葉 祥明：画
ハンカチぶんこ『実験犬シロのねがい』より。
ドキュメンタリー童話『実験犬シロのねがい』ハート出版
http://www.810.co.jp/book/ISBN978-4-8...

動物実験、それは動物にとっては生き地獄そのものです。

実験には様々な動物が使われます。痛みや苦しみに耐え、声もあげられず、ひたすら我慢するしかない。人間は動物にそんな残虐な行為を強いているのです。捨てられた物言えない動物たちに何をしても許されるのでしょうか。

確かに動物実験によって、医学、薬学などの何らかに進歩があったかもしれませんが、すべての動物実験が人類の進歩に貢献してきたのでしょうか？

ここ数年は、動物実験を廃止する企業も出てきたそうです。今、世界は意味のない動物実験は禁止の方向に流れています。

どうか必要のない残酷な動物実験という地獄が、すべて廃止されるよう心から願うばかりです。

生き抜いて世の中に出ることができたら

犬や猫と違って、私は人間なのでいくら社会の役立たずだとしても殺されることもなく治療をしてもらえます。最高レベルの治療をしてもらってぜいたくな話です。

しかし、家族同然のペットでも飼い主に見放されて殺処分されてしまうことも多いのです。そんな子たちは、生きたくても生きるすべがない。

だから、こんな死にかけだった私にでも、生きていたらそれだけで、きっと何かできることがあるはず。生き抜いて世の中に出ることができたとしたら、この手で不幸な犬や猫たちの命を多少なりとも救うことができるはず。

これこそが自分の生きる意味なのだ。どうせ、すでに死んだも同じおまけの人生なんだから体当たりで好きなことをしよう。

一匹でも多くの不幸な境遇にある犬や猫たちを救い出して運命を変えていこう。生きる気力を捨ててはいけない、絶対に生き抜いて世に出てやる、そう誓った瞬間でした。

まずは、退院して動けるようにならないと始まらない。そう思って頑張って前向きに治療していると事態は変わっていきました。再起不能のようなどうしようもない状況でしたが、少しずつ環境に変化が訪れてきます。

最後に入院した二〇一五年の春から夏にかけて、当時の病状はとても悪かったけれど、その時の集中治療によって、今度はなぜか信じられないくらいに奇蹟的に回復してきました。次々と副作用に見舞われましたが、気力と神力で全て回復していったのです。

これまで何度となく集中治療をしましたが、こんなにうまくいったのはこれまでにないこと。以前と全く違って、あきらめの境地が功を奏したのか、不思議なほどに事態がうまくいき始めたのです。

それからモグラたたきのように、なぜか次々と病魔に打ち勝っていき、難治の数々の病状が嘘みたいに良くなりだしました。

運気の流れに乗って、追い風がきている。私は今、病に打ち勝ってきている。そう確信した瞬間でした。

それからは、ずっと頑として悪いままだった検査のデータが、信じられないように良くなっていき、オセロゲームの黒が全て白く変わっていくかの如く、不思議な治り方をしていきました。

病は気力と体力。まさに神がかりと言える奇蹟の回復でした。

二〇一五年の夏、私は死神との契約と大きな修行を終えて、いよいよ退院することができました。それから、通院して薬を飲みながらずっと治療は続いていますが、なんとか入院することもなく良い状態を保っています。

退院してからが私の本当の人生の始まりでした。おまけの素晴らしい人生の時間を下さった神に、死神に、心より感謝しました。

生きてこの世に出たらしようと心の中に抱いていたことを、ようやく実行することができるようになったのです。

保健所収容犬猫にこの世の地獄を知る

退院してから心機一転やり直そうと思い、ブログだけではなくTwitterとInstagramなどのSNSを新しく始めることにしました。

すぐにあることに気付きます。「助けて下さい」「期限〇〇まで」という文字。リアルタイムで知る保健所収容犬・猫の殺処分の現実。保健所に収容された犬や猫は、一定の期間（大体一週間位）をおいて殺処分となる。

さまざまな保健所に収容された犬・猫や鳥、その他の小動物などの一覧をインターネットで見ることができます。

「ペットのおうち」 http://www.pet-home.jp/center/

全国のさまざまな保健所の可能収容期間など情報が載せてあり、随時リアルタイムで掲載され、その情報が随時確認できるというもの。カウントダウンされ、あと数日で殺処分されてしまうという現実的な情報です。

殺処分のあり方や是非について考える必要はもちろんありますが、目の前の収容された犬や猫が殺処分されてしまうという現実のほうが重大な問題。今どうにかしないと殺されてしまうという現実を突きつけられました。

誰かの目に留まるように、一匹でも救われるよう可能性に賭けて、この「ペットのおうち」のような保健所収容情報を、ＳＮＳで拡散して広める人たちがいます。

ただ引き取った犬や猫が情報とかなり違っていたりして、実際に飼ってみるととても飼えないからと、またしても保健所に返すことがあったり、動物虐待目的で引き取る恐ろしい人も潜んでいる可能性は十分にあります。

ネットでは顔が見えない分、助けたいという気持ちだけでは、反対に命を奪ってしまう危険性も潜んでいることに気を付ける必要があります。

ＳＮＳで、リアルタイムで知る保健所収容犬猫の殺処分の現実に愕然とする日々。里親が決まっても、また次々と新しい犬猫が保健所に持ち込まれて、新しい情報が毎日のように更新されている……。まるでイタチごっこでした。

見なければよかった……。でも見てしまったからには放ってはおけない。何かできることから、しよう。気付いたら、私も知らないうちに拡散する仲間に加わっていました。どうにかして一匹でも救えますように……そう念じながら、できることからすることにしました。

「ペットのおうち」では殺処分まであと何日……とリアルタイムで拡散されます。世の中の本当の地獄を知ることになりました。

何とかしなければ……一匹でも助けたい。

そこで私も拡散する仲間入りとなりました。

実際に保健所に出向いて写真を撮って、収容犬や収容猫の様子を拡散していく個人でボランティアをする人たちがいます。その中の山口県内の情報を拡散している、ある方と親しくなって協力しあっていました。

そんな中、二〇一六年一〇月二一日にＳＮＳで「タック」を知ることになります。それがタックとの出会いでした。

この子は助かる、生き運があるんだ

咬む犬、唸る犬はすぐに殺処分の対象ですが、その犬は不思議と判定には合格ラインで、譲渡対象にはなっていたことだけが不幸中の幸いでした。

引き取りに行くことを決心するまでには、様々なことが起こり、二転三転しました。期限ギリギリ最後の日。誰も手を挙げないまま……引き出せるのは私しかいない。後悔先に立たず。あとで後悔することの方が耐えられない。そこで、私しか救うことができないと確信して覚悟を決めました。

自分が引き取ろうと……。それは清水の舞台から飛び降りるような気持ちでした。

そう思い立って九月三〇日（金）に保健センターに電話を入れた私は、職員さんから衝撃の言葉を聞いたのです。たくさんの方々の問い合わせがあったにも関わらず、

「あまりに攻撃的なので愛護団体でさえも皆スルーした」

「まだ実際の引き取り手は誰からも声が掛かっていません」

「これ以上、延長は無理なので、来週の月曜一〇月三日の朝までが期限です」

唸って威嚇する攻撃的で危険とされる子を、もし、一般の方が引取りを希望した場合、その方が引き出すことはできるのか聞きましたが、やはり答えは「NO」でした。譲渡先でも手に負えず人を咬んだりしたら危険だから……とのこと。譲渡したとしてもすぐ返すようなことになりかねないからということが理由でした。

大型犬を飼ったことのない人には、攻撃的なのでとても飼えないだろうという厳しいことを言われて、意志が崩れそうになり愕然。その時点で保健所では、この犬はもう絶望的と思われていたようでした。

でも引き出せるのは、もう自分しかいない……そう思ったと同時に、この犬をレスキューする決意はできたつもりでした。

苦肉の策での選択。それは、保健所からそのまま訓練所に預けて躾《しつけ》をしてもらうということでした。かなりの高額な費用がかかるのも承知でしたが、覚悟は決めていました。どう考えてもそうするしか方法がなかった。

引き取るのであれば責任を最後まで取る。何があっても、この犬を守ろうと……。

それが、今自分が生きている証だ。どうにかなる。どうにかすると自分に言い聞かせました。

あきらめきれず、一〇月一日（土）に地元の岩国にあるドッグスクールを調べて電話をしたら、意外にとても感じが良い対応をして下さいました。

ダメもとで、そのままではとても飼えないので、岩国の保健センターまで宜しければ迎えに来て下さいませんかと、厚かましくもお願いしました。熱意が通じたのか、四日（火）なら市内に出るので少し時間が取れるとおっしゃって下さり、感激したことをいまでも忘れません。

ただし、あまりに凶暴なら引き取れない、更生できる見込みがあれば引き取るという条件付きでした。

その時、命が首の皮一枚でつながった。この子は助かる。生き運があるんだ。暗いトンネルから一筋の明るい光が差し込んできたような感覚でした。

「どうか、訓練士さんの判定に合格できますように……」私にこの子が救うことができますようにと祈ること、そして救われることを信じることしかできませんでした。

保健所は土日は休みだ。しかし期限は一〇月三日（月）だから間に合わない……。

私は三日（月）の朝イチに岩国の保健センターに電話をして、一日延ばして四日（火）にしてもらえないかと嘆願しました。

「犬の訓練士さんにそのまま訓練所に引き取って、きちんと躾をしてもらう」と言うと、そこまで考えているのなら、もう一日待ってくれるという返事でした。

その言葉を聞いて、なんの迷いもなく「迎えに行きます、遠いのでお昼は過ぎますが、必ず行きますのでよろしくお願いします」と答えていました。

あとは、当日、訓練士の方が引き取って下さるかどうか……。決戦は一〇月四日。皮肉にもその日は世界動物愛護の日でした。

山口といっても岩国の保健センターまではかなりの遠方で車でも二時間はかかる。しかもそのままでは飼えない……。

それからすぐに、その犬のことを相談したら、賛同して連れていってくれる理解のある友達が現れたのです。岩国の訓練士さんが親切にもわざわざ保健センターまで直接いらして下さることも決まって、運命の日一〇月四日に全て手はずが一瞬で整ったのです。

神がかりだ。奇蹟だ……

この子に生きる道ができたのだ。

「さあ、助けにいこう‼」

友達と高速を走らせて一目散に迎えに行きました。

第2章 咬傷犬と呼ばれて

即殺処分に回された犬猫は殺処分の数にカウントされない

「咬傷犬《こうしょうけん》」という言葉を聞いたことがありますか。私はタックと出会って初めてその言葉を知りました。

人を咬む、時には血が出るまで咬んでしまう犬のことを言い、つかまった犬は、「咬傷犬」という分類で動物管理センターに拘留され、飼い主が名乗り出なければ新たな里親探しもなされません。さらに飼い主持ち込みで譲渡不適切であればそのまま殺処分されるのです。

咬傷犬とひとくくりになっていますが、中にはただの甘咬みであったり、嫌なことをされて歯を立ててしまったり、人間が手を払いのける行為と同じような「咬む」程度でも、人間が「咬まれました」という言葉を口にしてしまった時点で「咬傷犬」とされてしまいます。

飼い主が「咬んだから」と保健所に連れて来た犬達は……そこで未来は閉ざされてしまうのです。

犬が人を咬む理由は、飼い主との信頼関係のなさからくる度を超した恐怖感を与えすぎたときであり、叩かれるといった虐待経験を持ってしまったことが原因ではないでしょうか。

しかし、そのような生い立ちや過去を背負ってしまったことが理由でも「咬傷犬」というレッテルは殺処分の最大の条件になってしまうのです。

老衰、怪我、病気など、生きている中で犬にも自然の摂理というべきいろいろなことが起こります。咬み癖だけは、自然の摂理ではなく人間の責任といっても過言ではないのではないでしょうか。

咬傷歴をつけられてしまった犬は、一般譲渡されるのは稀で、団体譲渡でも慎重に対応されてしまいます。すなわち、外に出るチャンスがほとんどない拘留犬となるのです。

愛護団体さんや一般の方が手を差し伸べたくても、その一言で、人目に出ることもなく全て終わってしまいます。咬んだという理由で棄てる前に、何故その子が歯をあてたのか……理由を考えてほしい。咬まれるのが怖くて触れなくなったなら、自分のためにも犬のためにも敢えて触らないことです。

そういった犬猫たちは命があったという証は何一つ残らない。どうにかして、譲渡困難な人慣れしてないような咬傷犬などの子たちを譲渡できる子にしていくような対策が必要だと思います。

咬むのは攻撃性からではなく「恐怖心」から

はじめから人間に牙をむいたり咬みついたりする犬はいません。

〝咬傷犬〟という言葉は、心ない人間に命をおびやかされるほどの酷い仕打ちを受け続け、自らの身を守るために威嚇や唸り、時には防御反応から咬みつくしかなかった、攻撃性からではなく「恐怖心」を抱いている犬なのです。

そんな辛い悲しい犬生を生きてきた犬達に対し、人間のエゴから一方的につけられ貼られたレッテルなのです。

犬が、過ぎてしまった過去の出来事を覚えているということはあるでしょうが、恨んだり憎んだりという感情はなく、威嚇するといった行動に出るしかないのでしょう。

人間は動物をいとも簡単に裏切ったり遺棄したり殺したりしますが、動物たちは決して裏切った人間を恨んだりしません。特に犬は従順な生き物です。

何があっても、邪険にされたり、例え虐待されたりしても、最後まで人間を、飼い主を信じ、寄り添おうとしてくれるのです。

一度その子の飼い主になると決めたら、絶対に裏切らないで下さい。

本気で腹をくくって、その子の命と向き合う覚悟をしてほしい。捨てられたり、保健所に持ち込まれたりする可哀想な子が増えないためには、一人一人の飼い主の価値観を変えるしかないのです。

アメリカからやってきた犬「タック」

これまで知ることのない存在だった「咬傷犬」という言葉だったが、私がそれでもどうしても助けたい犬が現れた。それが「タック」だった。

ペットのおうちに掲載されている、眼の奥が悲しく寂しそうな写真が衝撃的で今でも忘れない。私に伝わったメッセージ。

「怖いよ。助けて……」

彼は死にたくない、生きていたいのだ。

私が引き取ると決めた瞬間、上からスッと降りて名前がつきました。
家の裏にいる狸のタックにそっくりなことから
命名：タック（ＴＡＫ）
保健所でも眼の周りが黒いことから、タヌキちゃんと呼ばれていたそうです。
新しい飼い主となった私のもとでタック（ＴＡＫ）という名前を付けられて、ここから、新しい犬生の始まりで運命の輪が回り始めたのです。

元々は米軍岩国基地（山口県岩国市）の兵士に飼われていましたが、生後約五カ月の二〇一六年九月末、「子供を咬む」との理由で捨てられ、保健所に収容されてしまいました。

飼い主に咬傷犬として保健所に持ち込まれた犬、タックは米軍基地のベースキャンプにいたアメリカ生まれの秋田犬とシェパードのＭＩＸ、雑種と言えどもアメリカの品種改良したハイブリッド犬。

大型犬の危険な犬種二種のアキタシェパード Akita Shepherd。相当賢いが、かなり癖のある犬と思われる。大型犬を飼った経験がある人でなければ、普通の人では引き取れないはずだ。

大型犬に関しては、この犬を譲渡して、万が一、事故が起きたときに保健所は責任の所在が問われるわけです。

「可哀想という思い」だけでは判断できないものがあります。事故が起きないことをだれもが願い、生かしてあげたい、譲渡したい気持ちは山々ですが、特定の危険犬種（闘犬など）と呼ばれる犬種に関しては、どの行政も慎重になり、譲渡が難しいこともあるそうです。


殺処分の期限最後の二〇一六年一〇月四日の午後のこと。

保健所に実際に行ってみるとやはり私しかおらず、命のロウソクが消えかけていたタックの命が私の見切り発車の行動で紙一重でつながりました。

君を迎えに来たよ

保健所に到着して、センターの職員に案内されたところは、冷たいコンクリートづくりの古い建物。中に入ると、ワン！　ワン！　何匹かの犬が吠えていました。管理所の扉が開く瞬間はドキドキしました。

そして実際に、檻の前に立ったとき……。

この子の生きてきたドラマがありありと浮かんできました。

実際に会ってみると、この犬がどんなものなのかすぐに分かりました。

訓練士さんの姿を見た途端に攻撃態勢で威嚇して、激しく吠えかかり、目は殺気立ち、ウーっと前かがみになって唸って今すぐ飛び掛かって咬む勢い。

かなりの虐待を受けていたことは明らかでした。

訓練士さんが棒を持ったり、手をあげたり、立ち上がると、ウウウと異常なほどの攻撃的な態度をとりました。

飼い主が棒で殴ったり、足で蹴ったりの暴行をしていたことは明らかでした。威嚇することでしか自分を守ることができなかったのでしょう。

可哀想に……まだ五カ月足らずの小さな犬になんてことを、そんな大人げない……。

口の中を見ると、まだ歯も生えそろっていませんでした。


最後に人間に撫でられたのはいつだったのでしょうか。

この子にとって人間の手足は凶器と同じ感覚なのでしょう。

ちょっと近づくだけでも全身で警戒して身を守ろうと唸り、口角を上げる、まだあどけないこの子の表情を見ると胸が苦しくなりました。

「誰もが敵だ、誰も信じない」

そんな想念がやってきました。


この子を見たときの第一印象は、誰も信用していない、全てを否定している、そんな眼をしていました。ずっと環境が悪すぎたのでしょう。

虐待されて、今度は飼い主に見捨てられて保健所に持ちこまれて、あまりにも過酷な出来事が続いたため完全に心を閉ざしている。

小さく震えながら身を守ろうと私に唸ったが、噛みつくほどの力はなかった。

恐ろしく伸びた爪、元の飼い主に放置されていたことが一目見て分かる子でした。

センター譲渡犬としては難しいということは誰がみても一目瞭然なのが理解できました。

現実に直面して、想像以上に大変そうだと分かり、大丈夫か？　本当に更生できるのか？　どう立ち向かおうかと本気で考えました。

その一瞬揺らいだ私の心の隙間に、そして犬の背後に、またしても死神が嗤って立っていました。

「この犬は、手強いぞ。実際に飼えるのか。お前に救えるのか」と。死神が見えたのでしょうか。タックから、

「助けて！　死にたくない」とこんな想念がテレパシーで来ました。

私は、気持ちを持ち直して、自分をふるい立たせるように強く大きな声で、

「この子を連れて帰ります」と叫び、タックには「迎えに来たよ。もう大丈夫」そう伝えました。

死神は残念そうに消えて、タックの後ろは、ガラッと大国主命に変わっていました。再び死神に勝った瞬間でした。生と死は隣り合わせ。心に少しでも弱みを見せると死神が隙間に入り込んでくる。私は心を強く持ち続けました。

人間は怖くないんだよ

こんな小さい体で、ずっと辛い思いをして結局はセンターに連れ込まれて。白い目で通り過ぎるみんなが敵だっただろう。たくさんの面会がある中、威嚇するタックにみんながスルー。臆病さにさらに追い打ちをかけるように恐怖感が増大していって殻に閉じこもっていったのは一目瞭然でした。

そんなことも見通していて、でもなぜか、実際に会って、私の中の何かが「やっぱりこの子だ」と、そうつぶやきました。

今、当時のことを振り返ってみても、その心の中の声が、運命の出会いだったのだと、改めて思います。

ここまでこんな小さな犬を追い込んで、同じ人間として、どうなんだと思う。涙が込み上げてくる。同情ではない。何故か理解ができない悔しさで体と心が押し潰されそうになる。

面会してその動きを見て、タックの抱えている「闇」を、やっと具体的に知ることができました。

それは「人間への恐怖心」、それに尽きました。

威嚇の根本の原因は、恐怖の塊の防御反応にしかすぎませんでした。

タックは、人の動きをよく見ていました。自分に向ける憎悪、汚い言葉、何度も自分を叩き蹴り上げる足に反応する。そして叩かれる、蹴られる前にと、手足をとっさに咬んでしまう。スッと手足が出てくるのが、怖いのです。

とっさに手や足を出さない。これを気を付けるだけで、人を咬む行為はなくなるはずだ。人間は怖くないんだということを、躾ではなく日々の生活で刷り込んでいくことが大事だと思いました。

そして、年月を重ね、今となっては普通に接していても咬まないようになりました。

それは、〝人間への信頼〟でした。人間を信じてくれるようになったのです。

でもタックは過去の生き地獄を一度も忘れたことはありません。何かの時には瞬間的に牙をむく行動に出る可能性もあります。


どこで生まれ、どんな犬種で生まれ、誰に飼われ育てられ、そんなことで、たったそんなことで、犬生は大きく変わってしまう。

まだ一歳にもならない五カ月の幼い子。

私は味方だから大丈夫

眼の奥から、これまでの悲しさ淋しさを感じました。「躾」という名のもとに、怒りという感情を向けられ、どんなに悲しい思いで生きてきてたのか……。この子の感情が、一気に伝わってきたのです。

会う度にガタガタと震えて唸るこの子に伝えました。

「怖いよね。ごめんね」という謝罪と、「もう怖くないよ」「あなたを想っているからね」という言葉を。

その子を初めて見たときの印象は一生忘れない。上目遣いでじろっと私をにらみつけた。人を完全に信用していない眼。この眼はどこかで見たことがある。

それは闘病していたときの自分の眼。長すぎる入院生活で人に見捨てられて、病院の片隅で苦しい病気と辛い治療の恐怖に耐えかねて、誰も信じられず心も開かなくなっていた追い込まれた自分の眼だった。

私は、とっさに檻の中にいるこの犬に、助けに来たとメッセージを伝えようとアイコンタクトをしました。


その子は私をにらみつけ小さく震えながら身を守ろうと私に唸った。

その様子を見てなぜか悔しくて悔しくて涙が流れた。

「あなた、まだ生きたいよね？　一緒に生きようね！　悔しいよね！

俺は生きてるぞーって、一緒に声を上げて力を合わせて頑張って生きていこうね！」

そうメッセージを投げかけたその瞬間タックは心を開いて、私にアイコンタクトをしてきました。

そのとき、この子の心を掴んだ、つまり落としたことを確信しました。

もしかしたらこの人は信用できるかもしれない。そう思ったのでしょう。

でも顔を覗いたら、またしてもウーと唸ってきました。咬むなら咬んでもいいとも思いましたが、なぜか不思議と、絶対に私は咬まないだろうと感じました。

なぜなら会った瞬間の不思議なアイコンタクト。テレパシーで「私だけはアナタの味方だから大丈夫よ」そう伝えたそのとき、心と心が繋がった気がしました。そして、「うちの子になる？」そう言って見つめたら、その瞬間、私には唸るのをやめました。

後々の訓練所でも、訓練士が次々と咬まれました。タックが咬む標的から外していたのは、私だけでした。私だけは不思議と一度も咬まれたことがありませんでした。

その選別は何なんだろうと考えたときに、「信頼関係」そして「愛情」でした。

タックの「咬む」行為は、「やられる前にやってやる」というものだったのです。私とは信頼関係がすでに成り立っており、「やられる」とは思わなかったのでしょう。

まだあどけないのに、虐待され捨てられ、今回最終処分所まで送られてしまった犬。タックの心は、たくさん傷ついて、そして、人間への信頼もなくしていたのです。生まれてどのくらいの時間、タックは苦しみ続けてきたのでしょうか……。

この犬をずっと見ていると、子犬の頃はどんなだったんだろうとその姿を想像しました。

きっと飼い主に、尻尾を振って甘えていた時期もあったのでしょう。子供を咬むからと持ち込まれたこの子は、その家に子供が生まれたことで、状況が一転したことは明らか。子供が生まれたから、犬を捨てたというのは、あってはならないのですが、現実にはよくあること。

その飼い主から裏切られた。もう一度、私達人間を信じてもらえるように、頑張ってタックと向き合っていこうと誓いました。心のリハビリは、かなりの時間を要するかもしれません。

しかし、楽しいこと、嬉しいことを何も知らずに威圧されて育ってきたこの子に幸せを味わわせたい。心よりそう思いました。

保健所で世話をしていた職員さんには唸っても怖いからだけなんだろうと言われました。きちんと躾をして慣れたらきっと大丈夫だと思いますよ、と。

保健所にまで来て下さった最初の訓練士さんは凄いと思いました。攻撃的で絶対に更生不可能と思える犬でも、ただの臆病だから……と言って快く引き取ってくれたこと。

なぜなら、当たり前ですが今引き取らないと次の日には殺されると分かっていたから。良いも悪いも、引き取らなければ殺される。だから迷わず預かってくれた。

この訓練士さんこそ、命の恩人です。心より感謝。この子は、まだ生後五カ月で「未来」があります。とりあえず、ここで死なせなくて良かった。未来は変えられると思ったから、レスキューの道を選びました。

クリクリしている可愛いお目目。こんな可愛い愛おしい子が殺されなくて良かった。生きていてくれて有難う。一度は裏切った人間を、もう一度信じてくれて有難う。

極まってきたサイキック能力

人間は誰でもサイキック能力を持っていると言われています。

現代の人間は、多くの物質に囲まれすぎてしまって第六感を使わなくて良くなってきたせいか、本来おでこにあった「第三の目」が閉じてしまった結果、目で見えるものがとても少なくなってしまったようです。

「第一の目」は、本来の目を意味し、「第二の目」は視覚の代わりとなる他の知覚器官（聴覚や臭覚など）を意味します。そしてそれらとは全く違う新たな知覚、知覚器官を「第三の目」と位置付けています。

「第三の目」とは〝サードアイ〟とも呼ばれ、〝内なる目〟〝松果眼〟とも称される神秘主義や形而上学で扱われる概念です。

多くの場合、透視、千里眼、予知、などに関連付けられ、また内なる世界や高次元への扉として扱われています。

神様で言えば、〝シヴァ神〟の額の第三の目、アニメのキャラクターでは手塚治虫の〝三つ目がとおる〟は　有名で、これ以降「第三の目を持つ特殊能力者」の設定は頻繁に登場しています。

サイキックとスピリチュアルは、似ているようでまったく違うものです。

スピリチュアルという言葉は、守護霊をはじめとした霊の働きかけによって生じる霊的なもの。

サイキック能力とは、人が生まれながらに持っている五感が研ぎ澄まされ超越することによって、現実の世界にはないものや音を見たり聞いたりする能力。通常では不可能なことを可能にする特殊な能力のこと。または科学では説明することがむずかしい超常現象のことを指し、こういった超常現象を引き起こす特殊な能力を持つ人は、サイキッカー（超能力者）と呼ばれています。

サイキック能力は大きく七つの能力と特徴に分類できます。

透視能力：通常では目に見えない物が見える能力。

霊聴能力：通常聞こえないはずの音が聞こえる能力。

霊的触覚能力：物や人に触れたときに情報を読み取ることができる能力。
霊的嗅覚能力：現実には存在しない香りを感知することができる能力。
霊的共感：言葉を交わさなくても他者の考えや感情を感じとる能力。
テレパシー能力：言葉を使わずに会話ができる能力。
予知能力：これから起こる未来を予測できる能力。
ヒーリング能力：手などからエネルギーを出し、人や物を癒す能力。

このような種類があり、高度な人は複数で持ち合わせています。

透視能力とは、普通は肉眼で見えないものを見ることができる能力のことを言います。透視能力が高ければ霊やオーラも見えます。

また、「千里眼」とも言われる遠く離れた場所のことが分かる能力、特定の人物が過去に起こした事件の真相を知ることができる、あるいは未来が見えるというものも透視能力とされています。

私は自分で評価すると、私自身サイキック能力のうちほとんど持ち合わせているサイキッカー（超能力者）です。

人生における修行によって、第三の目が開眼して、超能力がさらに開発されて透視能力が冴えわたったことによって、驚くほどの力が与えられたと思っています。でもそれは、与えられた大きな使命で、とても大変なことです。

幼少期から大病や事故で人生がうまくいかず、ずっと動けず一人で寝ていたことから、動かなくてもすべてが分かるような自己防御のために第六感が異常なほど冴えわたっていったのだと思っています。

次々とやってくる逆境を経験することで、透視能力がアップし、かなりの心眼力が身に着いたような気がします。

やはり、どん底まで落ち込まないと、人の気持ちはもちろん動物たちの気持ちもわかりません。客観的な人間観察は、誰にも負けないという自信があります。

ただし、このような天から授かった能力というものは、感謝の気持ちを忘れて謙虚さがなくなると、すぐに消え失せます。大切なことは、自分自身が淀みのない純粋な心をもち、清らかな河のごとく、あるがままに全て映し出せるように心がけることだと思います。

するとその静まり返った心、つまり、煩悩がほとんどない状態でこそ、超感覚的知覚（ＥＳＰ）で得られるような、高次元のスピリチュアルな情報が映し出されてくるのです。

テレパシーで動物と対話する

あなたは、犬や猫と話をしますか？

私は、人をはじめとする動物の心を読み取ったり、相手が心を閉じていない限り、ある程度の会話を、言葉ではなくテレパシーでやりとりしたりすることができます。

テレパシー（telepathy）とは、ある人の心の内容が、言語・表情・身振りなどによらずに、直接伝達されるもので、超感覚的知覚（ＥＳＰ）の一種。言葉を使わずに意思の疎通ができる能力です。

もし、人の考えていることやペットや植物の言っていることがなんとなく分かるとしたら、あなたは程度の違いがあっても、テレパシー能力があると言ってもよいでしょう。

私は、幼少期からいつも猫が傍にいて、物言えない猫たちとテレパシーで話をしていました。捨てられたり辛い思いをしてきた訳ありの猫たちばかりで、とても気が合ったことを覚えています。

悲しい時も楽しいときも苦しいときも、共に支えあって乗り切っていきました。彼らにはとても癒されて、病床にいた私のセラピーキャットとなって、病気も落ち着いてきたのだと思います。

我が家は自然あふれる環境で、裏の林にはいろいろな野生動物がいます。数十年間、世代交代してもずっと来ている狸たちや、アオサギやカラスなどの野鳥ともずっと仲良しです。傍から見ると、なぜこんなに親しいのか不思議な光景でしょうが、彼らとテレパシーでやり取りしていますので、私には当たり前のことなのです。

目の前にいる動物に関して、アイコンタクトをしてこちらに意識を集中させるとテレパシーを送る際にとても有効になります。

アイコンタクト（eye contact）とは、視線と視線を合わせること。簡単に言えば、目を合わせることで、さらに意思疎通がしやすくなります。アイコンタクトができるということは、信頼関係ができ上がって、パートナーとして認めている証になります。

もっと進むと、相手が心を許して受け入れてくれれば、アイコンタクトなしで、テレパシーだけで意思の疎通ができるようになります。

犬同士は、いわゆるテレパシーによる想念伝達で、お互いに話をするといわれています。もちろん、吠えたりして実際に声を出すこともありますが、それらはあくまでも補助であって、実際には、テレパシーを手段としてコミュニケーションを取っているのです。

テレパシー能力は、人間よりも動物のほうが優れ、発達しているのです。なぜなら、人間は高い知能と言葉を持つことによって物質文明を発達させてきましたが、それに反比例するように、スピリチュアルな霊的感覚が鈍り、五感に限られた、目に見えて聞こえる世界のみが実在であるかのように思うようになったからです。

邪心のない犬や猫などの動物たちは、今の人間にはない「第三の目」、優れたスピリチュアルなサイキック能力を持ち合わせています。猫は、古くは神として崇められ、犬は人間のペットとしてのパートナー関係を古代から守ってきて、いずれも人間を支えてくれる必要不可欠な動物なのです。

サイキック能力は神様から与えられたギフトです。使い方によっては自分や多くの人の幸福に役立てることができます。

私はすでに死んだも同然の人間。神は私に、この世で生きていられる代わりに、なんらかの使命でこのような能力を授けたのだと、今振り返って思うのです。だから、生きている限り自分の能力を使って、神の意志に沿って一つでも多くの命を救っていくつもりです。

かぼちゃの馬車に乗って、シンデレラストーリーが始まる

タックを引き取る手続きを済ませて、ゲージに向かっていきました。

車に乗せる前に、みんなが一瞬いなくなって、私とタックだけの空間になりました。気付いたらもう、夕方になっていました。頭の中では走馬灯のようにタックを引き出すまでのことが頭を駆け巡っていました。

私は、檻の中を覗き込んで

「私が新しいあなたのお母さんよ。これから一緒に生きていこう」

という想念伝達をしたら、威嚇していた表情が一瞬でくるっと笑顔に変わりました。

その瞬間、私の不安も雲が消え去り、晴れ渡るように一気に解消した。


「笑ってるよ……。笑ってくれている……。

それだけでもういい。

あとは、みんなの人の力を借りて、頑張るだけだ。

いろいろあったけれど、それで良い」

それから、この子から唸り声が消えていきました。

死んだら終わり、生きていたら必ずやいいことが訪れてくる。

「希望をもつ」ということは、すごく大切なこと。

闇に光がさして神風が一瞬にして吹いて、新しい犬生に向かって駆け出す瞬間でした。

「この犬は警察犬」なぜか神からのお告げが

保健所の檻から出てゲージに入る瞬間、とても不思議な感覚でした。初めて会ったのに、初めてじゃないような……そんな錯覚に陥るほどでした。

あれだけ唸って攻撃だったのが嫌がる訳でもなく、怯える訳でもなく、スーッと自らゲージの中に入ってくれた。その信じがたい光景は、今も忘れられません。

それから、ゲージごと用意して下さっていた訓練士さんの車に運び、乗り込んだときに、またくるっと笑顔に変わりました。そしてゲージ越しに私の手をペロッと舐めました。

それがこの子の、救ってくれたという私への感謝の気持ちだったのです。とっても運命的なものを感じた瞬間でした。

これもまた偶然のような、でも必然性のある出会いだったことを確信しました。

新しくタックと名付けたこの犬は、自らが運を掴んでシンデレラのかぼちゃの馬車に乗り込んだかのようでした。新しい飼い主となった私のもとでタック（ＴＡＫ）という名前を付けられて、運命の輪が回り始めたのです。ここからが「シンデレラストーリー」が始まり、ここから、新しい犬生の始まりでした。

そして、幸運へのかぼちゃの馬車は走り出しました。引き出して下さった方の訓練所へセンターからそのまま向かっていきました。

死の淵までいった命の炎が消えかけた自分が、タックの消えかけた命の炎にバトンタッチしてつながった瞬間でした。私は、生きている限り、消えかけた命の炎を消えないように灯し続けていこうと心に誓いました。

このままでは、まだ人を威嚇して飼えないので、「しっかりとしつけてもらってから、我が家に戻ってくるんだよ」と言って見送りました。

実際、タックの元々の追跡能力が優れていることがあとで判明して、我が家に帰るのが良い意味でちょっと遅くなったけれど。

引き出すとき、なぜか神から「この犬は警察犬」というお告げがきました。そのときは、耳を疑いました。当時、横にいた人に言ったら、もちろんのこと「何言ってるんだ」と笑われましたが。

この神のお告げこそが、振り返ってみると、これから起こる保健所出身犬の希望の星の伏線だったのだと。合格には至らないけれど、タックの才能と使命を神が示唆してくれた運命的な言葉でした。

そこまでいけるような希望を持って、この犬と二人三脚で頑張っていこうと心に決めました。

神様は粋《いき》なやり方で困っている人の元に「助け船」を出してくれるもの。そんなことばを思い出しました。これは神の力だ。この犬には生き運がある。モーゼの十戒のように生きる道ができている。

私はただのお手伝いにしかすぎないのだと、そのときそう確信しました。

助けに行こう。そう決めた瞬間、不思議なシンクロが起こり、グッドタイミングが続いて、思い切って引き取って、いや引き取れて本当に良かったと心より思いました。

今ではタックは私の生き甲斐

背水の陣で勢いは良かったものの、我に返って考えてみると、自分は前年までの長期入院からようやく退院したばかりでした。病気はなんとか落ち着いてはいますが、また入院してしまったらタックの世話は誰がみるのでしょう。

それから、私は絶対に病気で倒れることも入院することもできなくなりました。当たり前ですが、引き取った以上、飼い主の私が元気でないとタックを守ることができません。

でも、そのおかげで私はそれからずっと入院することもなく暮らせるようになりました。タックとの出会いはまさしく運命ともいえるもの。すべてのタイミングが合った神がかり的な救出劇。それは奇蹟にほかなりませんでした。今では、タックは私の大事な息子。生き甲斐となっています。

私は、この犬（タック）を引き取って良かったと心から思っている。

入院中にたくさんの犬が殺処分されていることを知ったから。
殺処分されている犬などの元ペットのことを考えるととても胸が痛む。
小さな生き物の命も決して無駄にしてはいけない。
生きている限りは一匹でも多く救わなければいけない。
それが私が生かされている使命なのだから。

キリがないたくさんのうちの一匹の犬を助けたってなにも変わらないかもしれない。でもその犬にとっては、素敵な飼い主さんが見つかるということは最高の幸福であって、セカンドチャンスを掴んだその犬の一生はガラッと生まれ変われることになる。一匹でも多く助けたい。一人でそう思う私の気持ちは、少しずつですが広がっていきました。

地元の訓練所に移り、優しい顔をして落ち着いてきたタック

期限最後の二〇一六年一〇月四日の午後岩国の保健所に引き取りに行って、威嚇す

るのでそのままでは飼えないことから、岩国のトレーニング施設にそのまま搬送してもらう手配をしました。

そして岩国の訓練所に一ヵ月半置いてもらいましたが、自宅からかなり遠いことから一一月二四日に近くの地元山口の訓練所へ移動し、基本的な躾をしてもらう予定でした。

このときは、まだ多少唸ったりしており、しかもストレスからか、かなり痩せていました。

今度は山口市内で近いので、毎週面会に行くことができました。

移動した山口の地元の訓練所に一〇日ぶりにタックに会いに行ってきました。タックのいる小屋に連れて行ってもらい、いよいよご対面。

他の犬たちが吠え付く中、タックは全く吠えず優しい顔をしていました。いろいろあったけれど、ようやく落ち着いたように見えました。

「タック、良かったね。外に出て」タックの大喜びようと言ったら、私に飛びついてくるほどでした。そして手をペロッと舐めて挨拶してくれたのです。とても感動しました。

二カ月前の保健所収容のときとの変わりように驚きました。私には相当慣れてくれました。

地元の訓練士さんによると、実際は他の人の言うことをなかなか聞かず、まだまだ躾もなっておらず、めちゃくちゃで、わんぱく坊主。

頭がとても良く知能犯で、大変だったようでした。

私がいる限りタックも幸せ、タックがいる限り私も幸せ

山口の訓練所に面会に行ったときのことです。ちょっとした事件が起きてしまいました。

ちょうど、夕方に行ったときに、ご飯がおあずけで、お腹が空いて落ち着きません。タックのゲージの上にご飯が置かれていて、それを食べようとゲージの上に飛び乗ったら、なんと、足がゲージに引っかかって宙吊りに近い状況となってしまいました。

痛がって大泣きし、騒ぎまくるタック。訓練士の方が器具をもってこようと犬小屋から出た瞬間、私とタックは二人っきりに……

このままでは、足に大怪我をしてしまう。いや宙吊りのままだったら、死んでしまう可能性も……。

そのときゲージの向こう側にまたしても死神が見えました。

これは死神の仕業だ。

その瞬間、これはさすがにヤバイと思い、足が抜けるようにゲージを念力でこじ開けようと、ありったけのパワーを送りました。

ゲージが一瞬、ガタッと音をたてました。

すると、触ることもなしにスルッと足がゲージから抜けたのでした。

死神に勝ったぞ！　やったー！

若い頃は、スプーン曲げが趣味で念力を使うことを訓練していた力が、ゲージを開けることに今更ながら使えるなんて良かった。

嬉しさが込み上げたのもつかの間、まだ死神はそこにいました。

訓練士さんが器具を取って戻って来られる直前で、犬小屋の戸は開けたまま。

なんと、タックは屋外に出て走って逃げてしまったのです。

恐怖のためか、こちらを振り向きながらも走り去ってしまった……。

この訓練所は山奥にあって、辺りは山に囲まれており、出ていったらどこに行ってしまうか、もう分かりません。

これまでも脱走していなくなった犬もいて、訓練士さんからも帰らないかもと言われました。


でも、タックは絶対に帰ってくる。そう確信してテレパシーで「帰ってこい」とメッセージを送ると、山の中にタックが走っている姿が見えました。

「タック！　帰ってこーい」

と大声で呼んだら、なんとすぐに一目散に走って帰ってきて私めがけて飛びついてきました。

「よしよし、よく帰ってきたね、いい子だ」

と褒めてやりました。

死神がまたしても残念そうな顔をして消えていきました。


訓練士ではなく、私に抱きついてきたときに痛感しました。

タックには私しかいないのだと。

唸って攻撃性のある犬だと承知で、誰も引き取る人がいなかったから、殺されては可哀想だと決死の覚悟で殺処分の前日に迎えに行ったことを改めて思い返しました。


あの時、保健所で会ってまだ三カ月。タックは私を飼い主だというよりも、やはり命の恩人だと認識しているということがよく分かりました。

今回の事件でタックとの絆が急速に深まりました。

私は絶対に、入院なんてとんでもない。私が倒れたら元も子もない。

頑張って生きて、この子を守ってやらなければ。

結局のところ、私しかいないのだから……。

飼い主に「殺してくれ」と保健所に持ち込まれ、

これまで生きてきて可哀想なことしかなかった。
ようやく犬らしい生活ができるようになった。
私が元気でいる限りタックも幸せで生きていくことができる。
いや、そうではなく、タックがいるからこそ自分が元気でいることができるんだ。
そう確信した瞬間でした。

第3章　捨て犬の希望の星　タック

警察犬訓練所に移動・嘱託警察犬の試験目指す

地元山口の訓練所に入れてもらって五カ月が経った頃、そこの訓練士さんから、思いがけないことを耳にします。

「追跡や捜索の能力が優れ、警察犬の素養がある」と。

いろいろ考えましたが、可能性にかけて、またしても二〇一七年四月末にここを引き上げて、生後一〇カ月でまだ若いことから警察犬訓練校に移動しました。

試験が受けられる素質があれば訓練するという条件だったので、どうなるかは分かりませんでしたが、可能性を確かめてみることにしました。

警察犬訓練所に移動して一カ月が経って初めて面会に行って来ました。

タックが犬舎の向こうで私の声を聞いて大喜びで走ってきて出迎えてくれました。

テレパシーが通じているからか、私が面会に来る前は、朝からソワソワして落ち着かなかったそうです。タックと私は、以心伝心。私の大事な息子になっていました。

五月二四日はタックの一歳のお誕生日でしたので、いつも応援して下さっている方からのプレゼントのフードやジャーキーを与えますと大喜びで食べました。唸りや威嚇が全く消えて良い子になっておりました。ようやくきちんと落ち着いた感じに定まってきてひと安心。

元々、秋田犬とシェパードミックスということもあって体格もよくなり、立派な犬になってきました。訓練所に入って一カ月目から警察犬の訓練も徐々にして下さっていました。

新しい訓練所に移ってからの変わりように、面会に行くたびに驚かされたものです。タックは使命を感じて頑張ってくれているのがありありと分かりました。

そして、なんと秋になってタックの警察犬への試験を受けることが決まりました。警察犬になれるかどうかも分かりません。なったほうが良いのかも分かりません。保健所で聞こえた「警察犬」という神のお告げ。当時はよく意味が分かりませんでしたが、不思議なことに道は開けています。その道筋に向かって突き進むだけです。

タックは訓練士さんの言うことをよく聞いて、訓練して警察犬の試験を受けるスキルも半年間という早さで身につけるくらいになったそうです。訓練士さんも、こんなに短期間の訓練でここまでくるとは思わず、今年は難しいと言われていましたが、本当によく頑張って訓練を受けました。

訓練士さんは、タックは私のために頑張っているとおっしゃっていました。そうでないと、短期間でこんなに訓練の成果は出ないと思います。

やる気に満ちたそのけなげな姿に涙が出ます。犬は、何の代償も求めてこない。ただただ、飼い主の助けになりたい。喜んでもらいたい一心で、ここまでよくやってくれました。

タックは犬ながら良い子になって期待に答えようと、頑張っていることがヒシヒシと伝わってきました。私も、それに答えるべくやれることはやっていこうと心に誓いました。

威嚇する攻撃的な犬は殺処分になりやすい。タックみたいに元々は良い子で、再び環境を良くして愛情を注いでいくと、どんな子でも必ずやまた良い子に戻ると信じています。

警察犬の試験への道ができている

二〇一七年の秋には初めての警察犬の試験がありました。受けられるくらいに訓練をこなし、殺処分対象だったキミがリベンジしてこんなにも頑張っているんだということを見せつけて、殺されたり、これからも殺される運命にある子たちの敵を討ってやってほしい。そんな飼い主の勝手な思いが現実的に、試験を受けるところまで来させました。

生きて元気でいる限りは、可能性に賭けたい。そして、殺処分対象になった犬がここまでできるんだよ！　凄いんだぞ！　皆、命があって精いっぱい生きているんだ、生きたいんだよ。見捨てないで。

そんなお手本になりたい。

保健所収容の犬たちに、一人でも多くの人々に目を向けてもらうために、私は信じて開いた道をタックと突き進んでいくだけです。

飼い主に裏切られて捨てられ、殺される運命だった犬が明るい未来に向かっている。

そして、裏切られても人の役に立とうとしている。良いか悪いか分からない私の独断と偏見の見切り発車でしたが、警察犬への道ができています。

タックをきっかけに保健所収容犬に目を向けてほしい。

そんな願いが叶うと信じて
いよいよ明日が試験となりました。

運を天に任せて神に祈るしかありません。

タック、当たって砕けろ！

思いっ切り頑張ってこい。

驚くべき天珠《てんじゅ》のパワー

ひっきりなしに押し寄せる病に押しつぶされて数年間、入退院を繰り返していましたが、二〇一五年春に不思議なご縁で天珠と出会い、嘘みたいに体調が奇蹟的に良くなって、やれる範囲の好きなことをして今に至っています。

天珠とは、二五〇〇年以上も昔からチベットに伝わるお守りで、本来はチベット仏教の僧侶達が身につける法具。この世の石ではなく、天から降って来た霊石（パワーストーン）で、神仏からの贈り物とも言い伝えられ、チベットでは代々家宝として受け継がれて大切にされてきました。

天珠を身につけることで魔除け、厄除け、開運、幸運、財運、健康運、金運、愛情運を呼び寄せ、様々な力を発揮する神秘の護符と言い伝えられてきました。描かれている様々な模様には、それぞれに意味があるためにその意味を理解して身につけると良いとされています。

チベット密教のダライ・ラマ法王が、

「もしあなたが天珠を身につけていたら、飛行機事故などが起こっても、きっとあなたは助かるでしょう」

と言われたことがありました。

それから一九九四年に発生した「中華航空一四〇便墜落事故」で生存者が「これ

（天珠）を身につけていたから自分は助かった」と話したのです。

この事件がきっかけとなり、「一命を救った天珠」の噂が広まり「天珠」は世界的なブームになりました。

神仏の不思議な加護があるといわれるチベット天珠。おそらく、パワーストーンの中では、これが最強なのではないかと思われるくらいのパワーです。


私と天珠との最初の出会いは、思い出しても本当に不思議でした。脳梗塞以来、麻痺はある程度治ったものの手先がこわばっていたので、リハビリとしてパワーストーンを購入して、入院中にブレスレットやネックレスなどを作っていたことに始まります。

ふとした出会いで、天然石を扱う中国人の方と親しくなりましたが、優しい方で、入院中によく励まして下さいました。

ある日、プレゼントにおまけで細長い石が入っていました。それが初めての天珠との出会いでした。「病気が早く良くなって退院できるように」と魔法をかけたと書いてありました。その気持ちがとても嬉しく、きっと天珠と必然的にご縁があったから出会えた、神様からのプレゼントなんだと思いました。

そのとき頂いたのは、「蓮師法器天珠《れんしほうきてんじゅ》」というもの。

密教の法具を紋様化した天珠で、魔を弾き、心を安定させ、良運を呼び、健康長寿をもたらすと言われています。

当時の自分にピッタリな天珠でした。

初めて触ったときにビリビリしました。感電したような感じ、魔法がかかった気がしました。あれが病気が良くなっていくすべての始まりでした。

その中国人の方にこう言われました。

「天珠というものは、信じれば必ず期待に応えてくれるもの」

とおっしゃる通り、振り返って考えると、「信じれば奇蹟は起こる」とつくづく思いました。

最後に退院して現在六年が過ぎて。病気そのものは治っておりませんが、気力でなんとか入院することもなく頑張って生きています。

天珠をし始めて、ずっと信じているから効いているのだと思います。天珠には魔法がかかっている。いや天珠には魔法がかけられるんだと実感しています。

自分に合った天珠を身に着けると願いが叶いやすくなる

天珠を身に着けて、一番感じるのが魔除け効果です。どの天珠にも大体魔除け効果は入っているように思います。着けると着けないとでは全然違います。

自分にとって、悪い人とは不思議と縁がなくなっていき、良い人とのご縁を引き寄せてきます。

さらに、元々持ち合わせているサイキック能力が、天珠を身に着けることで、さらに冴え渡ってシックスセンスが覚醒してきたことを感じます。

「第三の目」が際立って、リアルに様々なことがさらにクリアに読み取れるようになってきました。

私のサイキック能力は、自分が小さい頃から病気で動けないことが多かったための防御反応なのか、目の前にいる人がどんな人かを、波動つまり想念に入って読み取っていくことができるようになっていました。

それは映画のストーリーを見ているような感じ。さらに、本人の心の中に思い描いている人まで連鎖的に見えるようになってきました。

もちろん、犬や猫などの生き物も波長が合えば、テレパシーでやり取りもできます。私の周りには、野鳥や狸などの野生動物がいつも身近にいて、テレパシーでやり取りしています。

人も動物も何らかの波動を出していて、それがどんなものか読み取っていくのです。どんな物体でも波動を出していますので、触ったら、どんな人の持ち物かなど分かる、サイコメトラーの力も持ち合わせています。

また、全てではありませんが、神様の言いたいことも理解できるようになってきました。私は媒介として、神様の声が届くようになったと思っています。

こういったサイキック能力を持ち合わせている人は、基本的に体にダメージが来やすいと言われていますが、天珠を身に着けることで、その能力が研ぎ澄まされて、身体も守ってくれているのだと思います。

チベットの僧侶たちが身に着けていたことにうなずけます。

自分に合った天珠を身に着けると、願いが叶いやすくなります。ただし、天珠は身に着ければ、必ず願いが叶うというものではありません。天珠は願いの潜在意識へのツールにしか過ぎません。

大切なのは自分の思いがどれほどなのか？　つまり潜在意識によりクリアに強烈に願いを刻み付けることができるかということに尽きるのです。

天珠を見るたびに、ご自身の願いに思いをはせて下さい。そして行動して下さい。動かないとだめです。願うだけでなくなれば、きっと天珠はあなたの願いを助けてくれるでしょう。

また、天珠は魔法ではなくて持ち主を導き、あくまでサポートしてくれる存在です。願望を叶える際には、ご本人の努力も必ず必要となります。自分自身の努力と、天珠と共鳴すれば魔法がかかったように、願望が実現できるようになるでしょう。

天珠で人を救うことができる、動物も救うことが可能になる

これまでいろいろなことがありましたが、何とか乗り越えられたのも天珠の効果が大きいことは間違いありません。

退院して多くの願いを実現しています。

タックをはじめ、誰もが救えない犬猫を保護したり、近所の空き家を事務所にしたり、闘病でペーパードライバーでしたが運転も数十年ぶりに開始、また本を出版しようとしている……等々。

もちろん、自分の前向きな気持ちがあるからこそではありますが。六年前までずっといつ死ぬかわからない重病人で、長年に渡って入院生活を送っていたなんて、今の自分を見て誰も想像できないでしょう。振り返ってみると生まれ変わったくらいの変わりように、我ながら驚きます。

天珠で何らかの形で人を救うことができる。人を救えたら、きっと動物も救うこと

が可能になる。そんな目に見えない確信がありました。なぜなら天珠には魔法がかけられるからです。

退院して体が動くようになったら一匹でも多くの子たちを助けたい。その気持ちが神様に通じたようで、今では可能な範囲ですが、好きなことができます。もっともっと助けたい。だからもっと自分の器を大きくしないといけません。

それから天珠はいいものを集めて、今ではコレクターみたいにすごい数になっています。私の一番好きな天珠はいろいろありますが、値段的なものよりも、これといったフィーリングだと思います。

自分にふさわしいものを直感で選んだら良いと思います。

それと、天珠は人を選ぶということを忘れないで下さい。欲しくない人もいますが、欲しくても縁がない人もいます。

良い運と、ご縁があれば、自分にぴったりの天珠にめぐり会えるはず。手に入れば、限りない幸福の始まり。チベットの人々は、そう信じているのだそうです。私もそう思います。

天珠をつけてから、神がかり的に運命の輪が回り始めました。潜在意識の私の願いは、かぼちゃの馬車に乗って輝ける未来に向かって猛烈な勢いで勝手に走り出しました。

その未来に起こる出来事が、大きすぎて、何度も振り落とされそうになりましたが、振り落とされないように、歯を食いしばって立ち向かっていきました。

何がゴールが分からないけれど、輝ける未来を夢見ながら。

ペンは剣よりも強し・マスコミ報道で保護犬の広告塔に

「ペンは剣よりも強し」という言葉があります。

この言葉の意味は、「思想や言論が人に与える影響は、武力よりも強い力を持っている」というように一般的に理解されています。

思考・言論・著述・情報の伝達は、直接的な暴力、即ち剣よりも多くの人を一つの方向に誘導できる。新聞やテレビなどの報道、即ちペンの方が人々に影響力があるということです。

日本では「文《ぶん》は武《ぶ》に勝《まさ》る」に相当することわざのようです。

保健所でレスキューしてから一年、タックのことなんてみんな忘れてしまっていましたが、初めて雑種犬が警察犬の試験を受けるということで、地元のマスコミの話題となりました。

特にその翌年が戌《いぬ》年であったことから地元のテレビに出演したり、新聞掲載されたり、ちょっとしたスポットライトを浴びました。

野犬問題や保健所収容の犬や猫たちの殺処分も多いと非難されることが多い山口県。私も山口県人として、これを機会に殺処分されるはずだったタックの活躍を保健所収容の犬や猫たちに目を向けて欲しかっただけでした。

保健所から引き取ってまだ一年過ぎるくらいなのに、こんな驚くべきスピードで、その翌年一一月に警察犬の試験を受けるまでになるなんて、保健所で聞こえた「警察犬」という信じられない神のお告げが現実になりそうな時が来るなんて、想像もしませんでした。

私は、タックを引き取ってから、普通では経験できない様々なことを学ばせてもらいました。

今考えると、神のお告げは、警察犬になるということではなく、試験を受けることを通して、世に殺処分が一番多い雑種犬の活躍を、メディアを通して知ってもらうということだったように思えるのです。

なぜなら、どんな試験かよく分からないまま飛び込んでいきましたが、犬の世界を何も知らない素人には無謀なことだったのです。

当たり前の話ですが、参加するのは、シェパードやラブラドール、ゴールデンレトリバーのような良い血統の純血種の大型犬ばかり。

そこの場の空気は関係者立ち入り禁止、四面楚歌のような、なんとなく見えない壁がありました。

試験が終わってから分かったのですが、でもそれは気のせいではなかったようです。

試験会場は、すごいマスコミの集まり

タックはこれまでの環境のせいか臆病ですが、犬としての知能の高さは尋常ではありません。一応参加させては頂きましたが、やはり、いろいろなことで雑種犬の保護犬は門前払いだったように思います。

試験自体もできなかったようですから論外ですが、それ以前に招かざる客で完全に蚊帳の外でした。

いずれにしても、初めての嘱託警察犬の試験は無事に終わりました。

朝、試験会場に到着した途端に、スゴい数のマスコミの集まりにビックリ。周りの雰囲気に飲み込まれそうでした。

そのときの状況はまさに「飛ぶ鳥を落とす勢い」そんな感じでした。

殺されていたはずの犬がここまで来るというのは普通の運気ではありません。タックは強運な犬です。天珠の効果もあると思います。

タックが頑張っていることがマスコミに登場することをきっかけに、保健所収容犬

に目を向けてほしい。

人に捨てられてもまた生まれかわることができるということ、そんな願いが叶うと信じてきましたが、この約一年を振り返ってみると本当に大変でした。でもここまで来ました。

できることなら不幸な犬や猫を一匹でも救っていきたい。その思いだけで突っ走ってきました。


試験に向かうとき、タックがビビッてどうしようかと思いましたが、神に祈るしかありません。「無事に終わりますように」と私は遠くから見ていました。

本番は何とかある程度は、きちんとやってくれたそうです。ホッとしました。最初の試験なのに、参加できたことだけでも凄いと思い、本当にうれしかった。

試験の後は、車の所に帰ってきてから写真撮影をして終わりです。ゲージに入り、ご褒美にジャーキーを与えました。

「タック有難うね」と言ったら、ペロッと手をなめてくれました。

不合格になったが全国区に

結果はもちろん不合格でしたが、参加したことに意義があると言い聞かせました。タックを通して保護犬に対する見方は、少しは変わってくると、そう信じて。殺される運命にあったはずの運命の犬が、いる明るい未来へと向かっている。そして、裏切られても人の役に立とうとしている。

私の独断と偏見でしたが、タックをきっかけに保健所収容犬に目を向けてほしい、そんな願いが叶うと信じて二人三脚で頑張ってきました。

たくさんの新聞にも掲載されて、ついに全国区になりました。

「戌年の希望の星に……」
「殺処分寸前だった捨て犬」
「警察犬目指し訓練中」
「山口　殺処分前日に引き取った猛犬」

タックがこの約一年で警察犬の試験を受けるまでになったことの経緯と、タックを通して保健所収容の犬や猫たちに目を向けてほしいことを話し、新聞に掲載されました。

警察犬の試験は不合格でしたが、殺される運命にあったはずの犬が、あの世に落ちる寸前に救われ、明るい未来に向かっている。そして、裏切られても人の役に立とうとしている。

殺処分の現実に蓋をして見ようとしない人がほとんどですが、世の中には、人に見捨てられて保健所に収容されてしまった生死のタイムリミットが迫っている犬や猫たちがたくさんいる。

このままでは殺される運命にある犬や猫たちが次々と絶え間なくいることから目を背けないでほしい。みんな命がある、生きている、生きたいのです

捨てられた犬は新しい飼い主に出会うということでしか命をつなぐことができません。

こういった悲しい現実のあるなか、物好きと言われながらも、ボロ雑巾同然に捨てられた人間と犬が手を取り合って一緒に頑張って生きているこのことを頭の片隅にでもいいから入れていてほしい。

タックが頑張っていることをきっかけに、保健所収容犬に目を向けてほしい。人に捨てられても、また生まれかわることができるということを分かってほしい。マスコミに出ることで、少しでも価値観を変えることができるはずだと私は信じたのです。

雑種犬参加への猛攻撃・大批難も

今回のマスコミ騒動はタックが純血種ではなく雑種犬で、しかも殺処分前日に救われ、警察犬の試験まで受けるようになれたからに他なりません。

警察犬になれるのは、能力ある純血種の特殊な犬種でなければいけないのは当然のこと。これまでの警察犬の試験を受けるのは、だいたいが純血種であり雑種犬はいなかったから、敢えて試験に参加させてもらったのですが、思いのほか見えない大きな壁にぶつかることになったのです。

捨てられた雑種犬でも警察犬になれるくらいの能力があるということを伝えたかっただけ、保護犬の雑種犬の価値観を変えたい、ただただそんな願いでしたが、思いがけないことで頭を悩まされることになるのです。

タックの試験を通して世の中の現実を、神があぶりだすように見せつけていました。保護犬に関心がある一般の人が増えてきている風潮の中で、捨て犬の希望の星として数々のマスコミに載せていただきました。そしてたくさんの頑張れという励ましを頂き、本当にうれしかったです。

しかしその反面、犬にかかわる方々からは猛烈な非難も殺到し、圧力がかかってきたのです。雑種犬がそういった試験の場に出て血統の良いエリート犬たちに交じって試験を受けるだけでも猛攻撃。面と向かって、または人を使って、ＳＮＳや苦情電話などで、こんな犬に試験を受けさせることへのクレームが殺到したそうです。

マスコミに取り上げられて保護犬や雑種犬が注目されること自体が気に食わなかったようでした。

そういった犬の世界での雑種への偏見を思いきり知らされました。きれいごとではなく、良いも悪いもこれが事実です。

もちろん、警察犬になれる犬は、生まれ持った素質を兼ね備えて訓練に耐えうる犬であり、それが有能な純血種でないといけないことは分かっています。

でもただ、試験に参加しただけで、保健所出身の雑種犬がスポットライトを浴びただけで、「そんな雑種犬を参加させるな」と、犬を扱う関連の方々などの大非難。

誰でもアマチュアの参加できる試験と聞いていましたが、「保護犬なんかいらない」、もっと言うと「雑種の保護犬は犬じゃない」とまでと面と向かって心ないことを言われたときには愕然。あまりのバッシングにドン引き、世界が違うんだと実感しました。

参加するだけでも邪道、ということに驚きましたが、犬の世界とはどんなものなのかを、まざまざと見せつけられました。

高級なエリート犬とは、同じ土俵に立つことさえ、許されなかったようです。そこは、そういう世界だということ、それが分かったことで、招かざる客は敢えて参加しても意味がないと理解できました。

このような犬の独特な世界なんて、全く知らず……、無知のままそんな世界に飛び込んだ愚か者の私に神は教えてくれました。もちろん、そこに参加したからこそ分かったことではありますが。

別にそこに対抗するわけではなく、殺処分寸前の犬がここまで来れたということを評価してもらいたかっただけなのですが、それだけでも言語道断だったようでした。

これからもずっと、素晴らしい血統の純血種の在り方は変わらないでしょう。その犬が幸せかどうか別として。庶民の私には関係ないことです。

世の中、基本的には血統重視なのが現実。保護犬は注目されているにも関わらず雑種を飼っている人は実際には少ない。ペットを飼う＝ペットショップ、もしくはブリーダーからがほとんどでしょう。それが現実なのだから仕方がないんだと勝手に理解せざるを得ませんでした。

臆病と社会性のなさが問題、二回目の試験も不合格

マスコミに出過ぎたことからか、一回目の試験の後から、よくわからない苦情が殺到したらしい。トレーナーは私の言動に問題があると言い、自分は被害を被ったと私を悪者扱いで、一切口を聞いてもらえなくなりました。美談のつもりが極悪人になったような気分に陥りました。出る杭は打たれるんだ。こういった特別な訓練は犬の世界に変に首を突っ込んだからこんなことになるんだと。

一回目の試験が終わってトレーナーから何の対応もないので、ならば二年目はもう家に連れて帰ろうと思いました。しかし今度は服従訓練や社会性を身に着ける訓練をした方がよいということで、もう一年置くことにしました。それが大失敗のはじまりでした。

それから預けたままで、トレーナーとのやり取りもなく、あまりにも周りが、こんな犬辞めろとうるさいらしいので、受けることだけでそんなに迷惑がかかるなら、次

の試験はもういいと思いました。

しかし、トレーナーとやりとりのない中、結局また、二回目の試験を受けることになったのです。


それから久しぶりに試験本番当日にタックの姿を見て、愕然としました。

タックは試験会場に引きずられて連れて行かれました。痩せこけて、おどおどして尻尾を巻いていました。ますます社会性がなくなっていたのはだれが見ても一目瞭然でした。

しかし、追跡の試験自体は何とかできたことには驚きました。試験の順番が来て私の横を通り過ぎる際に、こっちに向いてアイコンタクトをした。頑張ってくるよと。

そのとき、タックのオーラが神がかり的に光っていたことを鮮明に覚えています。

私のためにやらなければと思って、臆病ながらも気を奮い立たせて頑張ってくれた。一緒に試験に付き添ってくれた友達も、そのタックのけなげな姿を目のあたりにして、号泣してしまいました。

試験が終わった瞬間、トレーナーは私に向かって怒りをあらわにしてこう言ったのです。

「あなたがそんなところにいるから全然集中できなかった」と。

唖然としました。さらに、それ以前に私が批判的なことを書いているから受かるはずがないと。それならなぜ、受けさせたのでしょう。

遠目から見ても、最初は引きずられて行ったにしても、タックは頑張って追跡の試験に取り組んでいた。遺留品もちゃんと見つけていたのに。

一緒にきた友達とあり得ない発言に憤り、ずっと預けて二回目の試験を受けさせたことを心から後悔しました。トレーナーさんの立場からすれば、こんな犬でも受験させてあげたということなのでしょう。確かにそうなのかもしれません。

私は犬の訓練に関しては素人だから有料で預けたのですが。試験を受けさせてもらっただけでありがたいと思わないといけないのかもしれません。

しかし根本的に、どう考えても外に出たことがない臆病な犬なんて本末転倒ではないでしょうか。外に出られない犬は警察犬の試験以前の問題です。

訓練所内で服従訓練だけは多少はしてもらっていたようですが、外に出ることもほとんどなく、丸二年間はほぼゲージの中ばかりの生活だったようでした。預かってもらい服従訓練をして、警察犬の試験にまで出場させてもらったことまではとても感謝しています。一年目で試験はある程度マスターし、服従訓練はある程度終えていたので、二年目は必要なかったと思いました。

それよりも、臆病と社会性のなさが大問題。試験はできたとしても、知らない土地で車から出されてぶっつけ本番なんて、どう考えてもできるわけない。

尻尾を丸めて車から引きずられて試験会場に行くタックの様子が地元のニュースで放送され、「誰が見ても駄目でしょう」とテレビに向けて言ったトレーナーの無慈悲な言葉。そのひと言で、飼い主がこんな犬に無理やり試験を受けさせるなとか、面と向かってでも、ネットでも私は非難の対象となり、自分を苦しめることになったのです。

たしかに私は自分のエゴが優先して、犬生としての大事なことを見落としていました。早く連れて帰ればよかったと心から反省しました。

試験が終わって、タックをそのまま、すぐに家に連れて帰りました。

ドッグスクールというものは、そこまで手をかけられないから、そんなものかもしれません。タックの場合、全く外に出さないでほぼゲージで二年近く過ごしたことが、社会性のなさをますます加速させて、私にはもう手が付けられないように思えてしまいました。

二回目の試験が終わってすぐ、タックは二年間のよく分からない訓練生活を終えて我が家にようやく帰ってきました。もちろん、結果は不合格。

ひどいバッシングの中で受かるなんて全く期待もしていませんでしたが、不完全燃焼のまま。何をしてよいのか、何がどうなっているのか分からないままでした。

それから、飼い主である私自身がタックに立ち向かうことになったのです。

犬の殺処分のほとんどは雑種犬という現実

犬猫の殺処分といってもその内訳を見てみると、一番多いのは雑種の幼猫、次いで雑種犬、純血犬の順番になります。

殺処分されている犬猫は雑種ばかり。猫なんてほぼ野良の仔猫。犬についてみると、殺処分されている多くが中型犬の雑種の成犬であり、人馴れしていない犬が多く含まれます。

例えば犬で考えると、保健所にいるのがすべて純血種の小型犬であれば、または生後二〜三カ月までの雑種の子犬であれば、おそらく引き取られず残される犬はかなり少なくなると考えられます。

残念ながら、中型雑種犬の受皿がまだまだ少なく、殺処分される大多数は雑種犬の成犬なのが現状なのです。譲渡困難な人慣れしてないような咬傷犬たちは、譲渡対象外で処分されてしまいます。

血統書付きだろうが、雑種犬だろうが、尊い命には変わりがないはずなのに……。そういった、不可抗力な条件で生死の境界が作られる。

病気やケガの犬は、譲渡対象外で、判定に合格することはほぼゼロに近い。子犬であったり、名のある犬種であったり、小型犬の場合は、譲渡希望者も多いので、里親がみつかることがほとんどです。

中型雑種犬の成犬の譲渡は極めて厳しいのです。ただ、姿形が違うだけなのに、これが日本の今の現実です。

ペットショップで売られるほとんどが純血。一方、捨て犬の多く、そして保健所に持ち込まれる犬の大半が雑種だという現実。

犬、猫はわざわざ買わなくても、日々たくさんの数が殺されています。そのうち一匹でも誰かが迎えてくれれば、年間にかなりの数が助かることは目に見えて明らかです。

雑種犬の価値観を変えたい

雑種だと、途端に馬鹿にする人っていますよね。どうせ雑種だから……、雑種にしては……など、そういったよくある言い回し。褒められたのか、けなされたのか分からない。

タックにしても、「どうせ雑種でしょ、雑種は悪いところばかり引き継ぐのよ」「秋田犬とシェパードとのミックスなんて恐ろしい」「保健所収容の犬なんて」等々、好きなこと言われ、犬を扱う人たちは、そんな偏見をもつことが多いことに驚かされました。

雑種は性格や体格に問題があるような偏見を持っている方もおられるようですが、そんなことは純血種でも同じことです。ましてや性格が予想できないって？　では純血種は性格の予想ができるのでしょうか？

良い血統が雑種より良い性質なんて言いきれません。実際に雑種の方が丈夫で賢いということは多々あることです。

良い血統がいいというのは人間のエゴにしか過ぎない。それよりも大事なのは環境です。本当に大事なものは目に見えないもの。肩書や見栄ではなくて、犬も猫もそれぞれの本質を見ないといけません。

雑種だということで引き取られない犬が増えるなかで、なんとか雑種犬を家族に迎え入れてくれる人を増やしたい。

そのために必要なのは、「雑種は純血種よりも価値が低い」というような価値観を逆転させること。それには銘柄や見た目でなく中身で勝負するしかない。

その価値観を少しでも変えることができたら世の中の血統重視の風潮が少しでも変わるかもしれない……。それが、保健所出身の雑種犬タックに警察犬の試験を受けさせる動機となっていったのです。

殺処分だった雑種犬が頑張っていることをたくさんの人に知ってもらいたい。たった一人で価値観を少しでも変えるべく世に訴えるきっかけにするには、無謀ですが、それしか考えが浮かびませんでした。


一回目の試験から、タックの記事の反響が凄くなってきました。

詳しい内容は、インターネットで「警察犬タック」で調べて頂ければあちこちのサイトでニュースや新聞記事、個人のブログなどが見られます。

「どんな形でもいいので、タックの活躍を見て保健所での殺処分は少なく、というより無くなって欲しいと願います。

タックが他の犬を救える道を切り開こうとしている、がんばれタック」

等と書いてくれていました。

こういった保護犬に理解ある評価をしていただけると、心から嬉しいです。

第4章 運命共同体と助け合って生きる

我が家に帰ってきたタックと一からやり直し

保健所から連れ出して、二年二カ月の訓練を一通り終えて、二〇一八年一一月末にようやくタックは初めて我が家に帰ってきました。生後五カ月で保健所から出ることができたタックもすでに二歳半を過ぎていました。

保健所収容時には猛犬だったタックも、今では穏やかな犬に変わりました。しかし全く外に出してもらえなかったため、時が経つにつれてますます臆病な犬になってしまっていました。訓練所に預けっぱなしで少しの訓練以外はゲージばかりで、外を全く知らないのは見て明らかでした。

「坐れ・待て・探せ」といった服従など高度のことはできるが、人や車が来たら逃げる、すぐに家に引っ込むなど、犬や猫は好きだが人が嫌いなど社会性がまるでない。車や人も知らないから当たり前のことですが。

帰ってきて、会う人会う人みんなにこう言われました。

「普通のことが全然しつけられていないよ、これじゃあ頭が良くてもだめだね」って。しろうとが見ても明らかに普通に飼える犬ではないことが一目瞭然。結局、ドッグスクールでは服従訓練はきちんとしてもらえましたが、一般的な躾はしてもらえてなかったようでした。

帰ってきたものの、愕然として途方に暮れてしまいました。これでは試験以前の問題で、何のために長い期間預けたのか全く分からなくなりました。

でも、もう誰も助けてくれない。やはり飼い主である私の責任です。お手上げ状態ですが、帰ってきた以上はきちんと飼えるように、自分でどうにかしないといけない。

プロの訓練によって、さすがに追跡・服従訓練の成果は確実についていています。しかし犬の根本的な性格は遺伝子レベルなので、臆病は結局治らないとプロが言うから、そうなのかもしれません。しかしそう言っては元も子もない。まずはやってみないと始まらない。

私自身、相当な曲者《くせもの》ですが何とか生きている。生まれ持っていた変わり者としてのサイキック能力が、今では本を書いて命の大切さを伝えたりと、多少なりとも必要とされている。私は、コンプレックスというものはバネになると信じています。だから、タックの能力に圧力をかけている臆病は、環境を変えて自信を付けさせれば、完全には治らないにしても、ある程度良くなってくる、と勝手に信じこんでいました。

何が足りないから中途半端で終わったのかを考えると、明らかに訓練士との信頼関係の欠如に尽きると思います。

とても迷惑そうで、飼い主である私と話をしたくないようで、何がどうなっているか、何をどうしたら良いかも分かりません。

何度か相談しようとしましたが、しろうとには話をしてもしょうがないというのでしょうか。まともに対応してもらえませんでした。何も分からないしろうとだから預けたので、どうしたら良いのかくらいは多少は教えてほしかった。

ドッグスクールというものは、犬に訓練はしてもらっても、飼い主にそこまで対応できないものなのかもしれません。

これまでの対応からして、私にはそうとしか思えませんでした。

お帰りタック、ここがあなたのおうちよ

長期間、ほとんどゲージの中で、人にまかせっきりで、よく分からない状況で、そのままにしていた私が悪かったのです。

きちんとした精神状態でもないのに、頭は良いが、臆病で性格に問題があるまま、寮に閉じ込めて勉強させるようなものでした。

でも、保健所に預けてから、たったの一年間で試験を受けるまでなったことは無謀すぎて、その運気の流れには驚きです。もちろん、訓練士さんの努力やタックのやる気のたまものではあります。

とにかく、現実的に社会性のまるでないタックを我が家できちんと犬らしく暮らせるように、一から直さなくてはいけないのです。家に帰ってきたからには、自分自身が立ち向かうことにしました。

家に着いて、ゲージから出すと、最初おどおどして不安そうにあたりを見渡してい

ました。そのとき、アオサギのあおくんがどこからともなくやってきて、続いて我が家の家族の犬猫たちがぞろぞろ迎えに出てきました。

新しい家族に「ようこそ」という感じで大歓迎していました。

「お帰りタック、ここがあなたのおうちよ」と言ったら、タックの不安げな顔がくるっと笑顔に変わって、下がった尻尾が上がって、ブンブン振って喜びをあらわしていました。

猫の尊《たける》とタックはいつも一緒に寝て、遊んで、食べるように

保健所からずっと訓練所ばかりで、自宅は初めてのはずですが、昔からいたように、他の犬たちに導かれてすんなりと家に入りました。

約二年という時間が嘘のように最初からスッと我が家になじんで、家の生活にもすぐに慣れ、猫二匹と犬三匹（プードルのジャックとプリンス、チワワのブル公）とも、すぐに昔からいたように仲良しに。

タックは動物には優しいようです。その日からすぐに溶け込みました。

我が家の犬たちは皆、訳あり、タックは今は本当に心から楽しそうで家の生活にもすっかり慣れて、皆とも昔からいたように仲良く暮らしています。

特に猫のたけるとは大の仲良し。たけるは『猫が生まれ変わって恩返しするとき』（ロングセラーズ刊）のチャコの生まれ変わりです。

タックが自宅に戻ってきた瞬間、たけるがどこからともなくやってきて「お前は誰だ？」と睨みつけました。

タックはたけるに顔を近づけて「はじめまして」というような挨拶をしたのです。すると、たけるは「じゃあ、仲良くしてやろうか」と言わんばかりで、意気投合したのかタックに飛び付きました。

帰ってすぐ、もみ合って楽しく遊ぶ大きな犬と猫を見て、トムとジェリーのよう。もちろん二匹は、言葉ではなくテレパシーで会話していたのでしょう。

その様子は、以前飼っていた猫のチャコとプードルのプーちゃんと何もかもがそっくりだったから驚きました。生まれ変わった二匹は、すぐさま意気投合して、同じことをしている……。

たけるも保健所から引き出してわが家の家族になった子です。

たけるとタックはいつも一緒に過ごすようになりました。一緒に寝て、遊んで、ご飯を食べて……。たけるの約一〇倍近く大きなタックより、先住の先輩猫のたけるの方の立場がなぜか立場が上でした。

思いがけないことで、なんだかとても嬉しくなりました。それとともに未来の明るい方向に、チャコの生まれ変わりのたけるがタックを導いてくれるような気がしました。

全く外に出たがらないタックのお散歩デビューへの道

しかし、タックが帰ってからすぐ現実的な問題にぶち当たります。

タックはすぐに我が家になじんだものの、うちの犬や猫と家の中で遊んでばかりで散歩に行こうとしない。それどころか外にも一切出ようとしない。

訓練所にいるときは、ほとんどがゲージの中で、たまにドッグラン程度で外には一切出てないのだから当たり前のことですが。大きな家犬、座敷犬であることに驚いたを通り越して呆れました。

預けっぱなしでどうしたら良いとか指導してもらったこともなく、タックのことは何も聞いたことはないから、どの程度までか分かりませんでした。実際帰ってきて、好き勝手して全く言うことを聞かない。これだけ預けて、もうどこにも聞くこともできないから、どうにかして自分で立ち向かうしかありませんでした。

まずは、社会生活を普通に送れないといくら訓練しても本末転倒だ。タックは頭が良く、高度な訓練はしてもらっていて追跡試験や服従訓練はすぐマスターできるけれど社会性がないのでは意味がない。お散歩もできないようでは全くダメ。

帰ってきてすぐに現実に直面して、浦島太郎の玉手箱を開けたような何もできないという驚くべき事実に、気の遠くなるような気分に陥りました。

保健所から引き出してずっと訓練所にいて外に出ることもなく、私と訓練所のトレーナーさんくらいしか人と触れ合っておらず、狭い世界にしかいなかったので、井の中の蛙で、社会性がないのは当然です。確かにそれでは警察犬以前の問題で、普通の犬としても暮らしていけません。

いろいろな犬関係の方々に聞いたのですが、雑種独特の元々臆病な犬は治らないとか頭から否定され拒否されました。

プロに見放されてしまったので、最初に引き取った時と同じように誰もいなくなってしまった。

というか、元々、飼い主しか守ってやれないのです。結局、長い間人に任せっぱなしで、私自身が残された宿題をしなくてはならないときがやってきたのです。諦めない。必ず道はあるはず。ある程度の社会性を身につける訓練を自分でしてみることに決めました。

タックは雑種といっても可能性を備えたアキタシェパードという犬種。なのに我が家にやってきたタックは、まるで猫のよう。家の中でゴロゴロ過ごして、全く外に出たがらない。

普通の生活ができるような犬にするには、まず散歩ができないといけない。思い切って外に出すことにした。

まずは、全然道路に出たがらない。というか、外に出たことがないので道路という存在すら知らない。車が怖い、人が怖い。目に見えるものすべてが怖いのだ。世の中のことを全く知らない社会性のまるでない犬に唖然。

最初は、嫌がっても引っ張って、無理やりにでも散歩に出かけた。

外に連れ出しても一歩も動かない、すぐ家の中に入ろうとする……。想像していたよりもかなり手ごわかった。我が家のほかのプードルたちは皆でお散歩に一緒に行きますが、タックだけは外が怖くて、すぐに引き返してしまうのです。

インターネットではユーチューブなどたくさんのドッグトレーニングの仕方が載っていますので、それで我流で学習しました。私は、一人でタックに立ち向かい、毎日外に出て、まずはお散歩ができることからと一つ一つ教えていくことにしたのです。でも無理強いをさせたくないので、タックのペースに合わせ、ゆっくりやることにしました。

問題行動のある犬は、ほとんど飼い主に問題がある

世界的なドッグトレーナー、シーザー・ミランの本を参考にしました。

シーザーがくり返し説くのは、犬への愛情なんていうのは大前提で、運動・しつけ・愛情というこの順番。言葉よりも「エネルギーと身ぶり」を重視するのがシーザー流です。

犬は人が決めた言葉よりも、その人が全身から放つエネルギーを感じとっているところがあるのだとか。

そもそも犬に言葉はありません。どうやってコミュニケーションを取っているかというと、犬は相手のエネルギーを感じとっています。

この相手とは人間であったり、犬同士であったり、動物全てを指します。「エネルギーでコミュニケーションをとる」という概念が、今までなかったので私にとって新しい発想でした。

犬は、人間の気持ちを敏感に察知しています。プラスやマイナスのエネルギーとして受け取っていて、マイナスのエネルギーを弱点として読み取っています。

ネガティブなエネルギーに煽られないように、ポジティブな強いエネルギーで、接するように心がけました。ボスである飼い主のエネルギーが強くないと、導けるはずがありません。

問題行動のある犬は、ほとんどが飼い主に問題があるとシーザーは言います。『ザ・カリスマドッグトレーナー　シーザー・ミランの犬と幸せに暮らす方法五五』（日経ナショナルジオグラフィック社刊）によると、飼い主がパックリーダー（犬の群れのトップ）になるためには、なによりもまず「静かで毅然としたエネルギーを持つこと」が重要。人間の動揺した心に、犬はとても敏感なのだそうです。

タックへの愛情をかけ過ぎて甘やかしてきたような気がして、私は途中から、一年位かけてゆっくり気長にやろうと「日々是前進。焦らない」と自分に言い聞かせるようになりました。実践してやらないと、それは分からないものでした。なぜなら、想像以上に、タックの外への警戒心は半端ではなかったから。

具体的にはまずは、一つ目の電柱まで行く、次の目標はあの電柱までいくと、目標を定めました。目的の電柱まで行ったらご褒美のジャーキーをやる。

あと、家に帰ろうとしたり、違う方向に行こうとしたら、断固として動かない。動かないことで、自分の好き放題はできないと体感させました。

タックが家に帰ってきてから、私は毎日立ち向かってタックと格闘しました。何度もコケたし、腱鞘炎にもなりました。

すると、たった二カ月で家の前の電柱を通り越してもう少し先に行くことができるようになったのです。

それから大通りに出ても、通る人や車もあまり気にしなくなりました。気を付ければ、怖いものではないということが分かったのでしょう。

散歩に行こうと言ったら、自分から出てくるくらい随分変わってきました。やはり飼い主が愛情をもってきちんと躾をしないといけないとつくづく実感したのです。

五カ月過ぎてようやく遠出もできるように

家に帰って五カ月過ぎました。遠くまでお散歩デビューを果たし、かなり遠出もするようになり、人が来ても車が来ても動じなくなりました。お散歩中の犬がいても無視、草刈り機のおじさんも平気、近所のおばさんに「いい子だわ、イケメンね。アラン・ドロンによく似てる」って言われて褒められて喜んだりと、余裕も出てきました。たまにはリードを引っ張るが、横で並んで歩けるようになってきていました。見よう見まねで、トイレのしつけも何もかも最初からですが、ある程度の普通の生活ができるようになってきました。

何もかもこの五カ月でだいたいはクリアしていきました。外を知らないタックにとってお散歩はカルチャーショックだったようでしたが、外は怖くないと分かって、刺激的で今では楽しみになりつつあります。

タックは散歩を始めたことによって、人と会ったりしてずいぶんと社会性が身についてきたことを実感しています。

それからさらに何カ月かが過ぎて、気づけば普通に外で散歩できていました。車が来ても人が来ても平気。あまり引っ張ることもない。外を怖がらなくなり随分世慣れしてきたように思いました。短期間でもきちんと向き合えば、良くなってきていることで自信がついてきました。


何が足りないから中途半端で終わったのか。それはきちんと立ち向かっていなかったからだけ。明らかな愛情不足、長い間置いておいて、人に任せっきりだった。そのままにしていた私が悪かった。でも時間を取り戻すかのように、短期間で、タックは普通の犬のようなふるまいができるようになりました。

明日もほかの犬たちと一緒にお散歩に行こう。一つでもたくさん、嬉しくて楽しい瞬間を、みんなで積み上げて行こう。

たけるが訓練士に

タックが帰ってきて約三カ月が過ぎて、我が家の生活にもある程度慣れてきたある日、とっても感動した出来事がありました。

部屋でタックとたけるがいつものように遊んでいたら窓が開いており、たけるが脱走。たけるは室内飼いでこれまでも何度も脱走したことがあって、連れ戻すのが至難の業でした。それを見ていたタックがなんと外に飛び出して追跡開始。

すぐにたけるを発見しましたが逃げられ、諦めず追い込み御用となりました。たけるは無事ゲージに入りました。捕まるまでの所要時間は一〇分以内。ご満悦な表情でした。

タックは使命を感じて一生懸命に探してくれました。猫探偵もできそうだと思いました。タックを褒めてやりました。

それから、たけるが脱走するたびに捕まえてくれて、逃げたらタックが捕まえてくれるからいいやと安心で、とても頼もしい存在になりました。

さすが長期間頑張った追跡の訓練をしてもらっただけはあります。なかなか結果にはつながらなかったけれど、無駄ではなかった。

追跡能力は前の訓練所でも評価が高かったのも、家に帰ってからうなずけることがたくさんありました。もっと社会性を身につけることで、タックの持ち前の能力と高度な訓練の成果が警察犬でなくても何かの形になる日がきっと来る、そんな希望を持てるような一日でした。

ある日、またしてもたけるが外に走り出たとき、あることに気づきました。たけるは、わざと脱走して、自ら捕まえられようとおとりになっていると。逃げてはあちこちに隠れて、探しにきたらわざとらしく飛び上がったりと、何度も何度も繰り返すのです。

「こっちへこい」「探してみろ」と明らかにタックを誘導するわざとらしい態度。たけるの献身的なその姿を見て、感激して涙が出ました。たけるは、座敷犬のように家に閉じこもりきりのタックに私が嘆いているのを見て、どうにかしようと立ち上がったのでした。

たけるによる追跡捜索の訓練は毎日続きました。タックがたけるを見つけられないときは、「ここだ」とわざと飛び出て、タックに飛び掛かり、右フックのストレートパンチを食わす。

そして、またどこかに隠れて探させる。林の中に駆け抜けていったり、木のてっぺんまで登って誘導している。猫がそんなことまでするなんて……。信じられませんが、現実にしているのです。

最初は、ただ遊んでるのかと思いましたが全然違う。タックの訓練をしているのです。小さい体で全身で力いっぱい動いて手振り身振りで誘導しているのです。たけるはやっぱりただものではなかった。たけるのその素晴らしい業績にシーザー・ミラン・カリスマドッグトレーナー猫と勝手に名付けていました。

反対に、タックが庭の格子を越えて、裏の林や前の田んぼに脱走することがありました。そういったときは、遠くには行きませんが、羽目を外して走り回って、いくら呼んでもなかなか帰ってこない。そんな困ったときにもいつも、たけるがどこからか駆けつけてきました。

そして、すぐさま走り回るタックに向かって走っていき、リードを持ったりと気を引かせて、さらにわざと捕まえられて、あがいて降参しているふりをしているのです。そのスキを狙って私に捕まえに来いとアイコンタクトする、という行程をこれまで何度も繰り返しました。

たけるには本当に頭が上がらない。やはり、神が授けてくれた神がかりな猫です。たけるのご褒美はいつも大好物の「ちゅーる」。訓練終わったら、すぐに「ちゅーる」を与えると大喜びで、また何かを企ててご褒美をもらおうと頑張る。「ちゅーる」はたけるのエネルギーの源でした。

たけるが『あしたのジョー』のコーチの丹下段平に見えてきました。「立ち上がるんだぁ　タック！」と。あしたが見えてきた。訓練所から出てきて、ここからが『あしたのジョー』のように本当のスタートだったような気がします。『あしたのジョー』は漫画の枠を超えて、時代を背負っていった作品であると言えるでしょう。

単なるジョーのサクセス（破滅への）ストーリーではない、人間ドラマが、この一作にはあったのではないかと思います。

たけるのおとり追跡捜索訓練を通して、そんなジョーとタックを重ねて、これから何かが始まる予感がした。

予感は的中し、タックがやってきて半年が過ぎて、散歩がある程度できるようになってからのこと。臆病が薄らいで自分に自信がついたのか、陽が差し込み、よどんだ雲が消えて行ったかのように、元々持っていた能力が浮かび上がってきたのです。

行方不明の猫を見つけたりと、ありとあらゆるものを見つけてくるようになりました。

裏の河原で追跡訓練開始

不思議なことに、タックが自宅に帰ってきてから、自宅の裏の林が整地されていきました。こんなことは、ここに住んで数十年間で初めてのこと。

それから、半年が過ぎて裏へ行ったら、大きな川沿いの河原がきれいに整地されていたのです。

そこは、入り口があるようでないので人が出入りできず、ほとんど貸し切りのお散歩コースのようなもの。神様の粋なプレゼントだと思いました。

狸や狐などの野生動物や野鳥がたくさん生息する自然溢れる環境のもと、タックはますます生き生きとしていっているのがありありと分かりました。

タックは、水が大好きなようで、川に飛び込んで泳いでみせた。嬉しそうな顔をして。私はその笑顔を見ると、とても幸せな気持ちになったのです。そのたびに自分もタックは、元気になっていくような気がしていました。

いつものように裏の河原で散歩をしていると、教えてもいないのに、スリッパや靴などを遺留品と思ったか、見つけたら伏せる、そして口にくわえて私のところに持ってくるということを繰り返すようになってきました。

裏の林の狸や野鳥などの野生動物の死骸を走って見つけて、私に教えてくれたりとか、ありとあらゆるものを見つけては知らせるようになってきたのです。

特に死にかけたり弱っている生き物や、亡骸を見つける能力は素晴らしく、今まで何匹見付けたでしょうか。『猫が生まれ変わって恩返しするとき』(ロングセラーズ刊)にも書きましたが、散歩の途中に〝梅太郎〟という弱った子猫を隙間から見つけて救い出したということがありました。

衰弱しきっており、救出して三日間で亡くなってしまいましたが、最後に看取れたことは幸いでした。

タックが何か見つけてきたら、私は「よしっ！　よおーし!!」オーバーアクションで褒めるようにしている。そのためか、また見つけてほめてもらおうと、何かを探そうと、走りだします。犬なりに、何か役に立ちたいという気持ちでいっぱいなことが分かりました。

野生動物などの亡骸を見つける能力発見

どんな犬にだって適性がある。臆病で警察犬には不適切だったとしても、犬にも向き不向きがあり、能力を発揮できることはひとつではありません。

広大な裏の林で亡骸や生き物を探すことが得意なタック。「匂いを覚え、それを探知する」という基本は訓練で学んでおり、何かしたいとエネルギーが有り余って意欲満々のタックにはピッタリなことでした。

狭い場所よりも広い場所で捜索してエネルギーを発散する方が合っていたようです。タックはまるで機械のように地面に鼻を突き付けて、広大で荒涼とした林に残された野生動物などの〝亡骸〟を探し見つけます。

もしかして、亡骸は見つけて弔って欲しいのかもしれません。こんな自然の中で、毎日、犬と過ごすことは、人生を本当に素晴らしいものにしてくれると実感しています。


地元の訓練士さんが、タックには追跡能力があるといった意味が実生活で体験してようやく分かりました。いつも何かを探そうと使命感に燃えているような感じでした。というより、元々匂いを嗅いで探すのが好きなのかもしれません。

自然の中のリラックスした環境でこそ、持ち前の追跡能力を発揮できるようになりました。生き物や亡骸を見つける能力があるタックは災害救助犬の方が向いていたかもしれません。

ただし、そこで分かったのは、タックは、自分の意志でないと動かないということでした。だから、追跡能力があっても大人数で移動して捜索する警察犬には向かないでしょう。どうせ警察犬にしてもらえないから言っても仕方がないことですが。

でも、身近な何かを探したりは、十分できると思います。

警察犬とまでにはいかなくても、身近な行方不明の猫や犬を探す、猫探偵のようなことも、できるとは思います。しろうとの私も犬のことをこれから勉強していって、身近なことから何かやっていこうと決めました。

他の犬を救える道を切り開くことができたら

以前、読売新聞のインタビューで私はこう答えました

「それぞれの訓練所でタックの利口さと追跡能力の高さを評価された。捨て犬でも、社会の役に立てることを証明することで、命の大切さを伝えたかった」

犬の社会を知ったのもタックを通してから。現実に打ちのめされましたが、今でも、

私の気持ちは全く変わっていません。

訳ありの犬も愛情と躾で生まれ変われる。更生したらセカンドチャンスをつかんで幸せになれる。私はタックを通して現実を直視して取り組んでこそ、いろいろなことが分かってきました。

体当たりで、自分で実際にやってみないと絶対に分からないことでした。どんな命も必ず使命がある。だから絶対に命を粗末にしてはいけない。殺処分のはずだったタックが他の犬を救える道を切り開こうとしているのです。

保健所には、明日の命を保証されていない子たちが、ずっと絶え間なくいます。捨てる人がいなくならない限り、水道の蛇口は開きっぱなしで、その受け皿には限度があり、溢れるのは目に見えています。

君たちの存在を気づいてくれる人がひとり増えたなら、君たちを取り巻くこの世の中は変わるでしょう。

君たちを幸せにしたいと願う人がひとりでも増えたなら、この世の中はきっと変わるでしょう。

そして、すべての命に思いやりを持てる世の中に変わることは、人間にとっても素晴らしい世の中になるはずなのだから。

笑顔のタックに癒される

外での二年以上の訓練ののち、初めて我が家に帰ってきたタック。半年が過ぎて人に会ったり、お散歩デビューを果たしたり、普通の犬としての暮しをする中でずいぶん変わってきました。時を取り戻すかのように優しく落ちついた犬になりつつあります。

保健所収容時には猛犬だったタックも穏やかな別の犬に変わりました。それはどの子にでも言えることです。愛情と環境によってだれもが生まれ変わることができるはずなのです。

最近は人が来ても、車が来ても全く恐れない、Instagramなど見てくれている人たちからも「タックの表情も幸せそう」、「笑顔が素敵」とかよく言われるようになりました。

タックの可愛らしい笑顔は、〝タックンスマイル〟と呼ばれています。近所の人からもタックの表情が変わったとよく言われようになりました。

やればできる、いや、やってなかったんだ。なんでもやらなければ始まらない。毎日の訓練で、私も元気になって体力もついて、病気も落ち着いてすっかり良い方向に変わっていきました。

環境によって、人間はもちろん犬も生まれ変わることができるということをタックは体当たりで教えてくれました。

タックの笑顔を見ると、癒され、心が救われます。いつも笑ったような顔をして、今はとても幸せなんだと思います。その笑顔を見ると私も幸せな気持ちになってきます。

笑顔は周りの人に好感を与えて、微笑めば、相手から微笑みが返ってくることが多いのです。笑顔でいるようにするだけでも、良い方向に生活に変化が訪れます。

笑顔とは、光です。光は負のオーラを打ち消す力があります。闇で光は消せませんが、光で闇は一瞬で消すことができます。だから、笑顔になると、悪い気を打ち消して、良くないことが段々なくなるのです。

明るい人は、よく笑顔でいます。笑っているから明るく楽しくなり、いろいろな関係が良くなります。そして、幸せな人生が送れるようになってくるのです。

だから、いつも笑顔を忘れないようにしましょう。

タックは本当に変わりました。この笑顔を見て下さい。

とっても幸せな犬生を満喫して生きているとっておきの笑顔。

どうか保健所の子たちに目を向けて下さい。

一匹でも多くの子が笑顔になれますように。

坂上どうぶつ王国に出演・神風が吹く

二回目の試験が終わって、自宅に帰ってからずっと、毎日散歩したり、様々な経験を積んで、ある程度外に出しても大丈夫になったと思って半年が過ぎたとき、信じられないような奇跡的なことが起きました。

ある一本の電話がかかったことから始まります。

それは『坂上どうぶつ王国』というテレビ番組の取材班でした。タックのことをネットのニュースで見て、詳しく話を聞きたいということでした。

はじめはどうなるか分からないということでしたが、話をしていくうちに、本当に取材になると決まり、驚きました。これまでのタックと二人三脚で頑張ってきたことが全国区になる。嬉しい反面、あまりの神がかりな出来事に驚き、ついていけませんでした。

そのとき、なぜかフッと神様からの保健所での〝警察犬〟というお告げの意味がだんだん分かってきました。警察犬にはなれないけれど、その試験を受けることで、タックのような殺処分だった犬の活躍を世に知らしめていることなのだと。

かなりの心ないバッシングを受けた招かれざる客のタックは、もう警察犬の試験も受けることはないと思っていましたが、またしても受けることになるなんて……。

外に出ても、ある程度大丈夫になっていたので、合格は無理だろうけれど、トレーナーさんが引き受けて下さったので受験することになりました。いろいろあって嫌だろうに、試験を受けさせて下さったのには心より感謝しました。

まさに「神風が吹く」とはこのこと。

私自身、小さい頃から、病弱で入退院を繰り返してなかなか人生が思い通りにいかないことがたくさんあって、皆から今度こそ命が危ないと言われても、でも何とかなって今も生きております。

病気で危なかった頃は、急に良くなってきたりしたら、「神風が吹く」いう感覚でした。意味が分からなくても、生かされていることを大切にして感謝しながら生きていくと、なんとなく病状も落ち着いてきました。

そして私以外にもそんなふうに、神風が吹くように守られている人は多いと思います。神様って分からないけれど存在するもの――でも、そのくらいの感覚で大丈夫なのです。

何事も前向きに受け止める習慣が大事です。マイナス思考をプラス思考に転じることができたら、良い運気が舞い込む準備段階です。

神風はいつでも吹いています。自らが望むなら強くもなるし、弱くもなります。

全ての運気を味方につけるような本気を出して猛烈な勢いで挑みますと、幸運の女神が微笑んで、一挙に巻き返す、そんな大どんでん返しの奇蹟も信じ込んでしまうことによって十分に起こり得ます。

チャンスの流れというのは気まぐれで、文字通り流動的なものなのです。

その瞬間のチャンスを活かせなければ、すぐにどこかに行ってしまいます。だからこそ、チャンスを掴むのです。こういうときこそ大事なのがプラス思考なのです。ここを押さえれば必ずこちらに流れがやってくるもの。

自分を信じて思いっきりやってみよう。

奇蹟は必ず起こります。信じる心と叶えたいと思う念が人生を変えてくれるはず。

私はそう信じています。

今回のテレビ出演もまさに神風が吹いたという感じ。

あきらめていた三回目の警察犬の試験を受けることになったのです。

タックと私の二人三脚の軌跡が陽の目を見て、全国の方々に知って頂くことになりました。二〇一九年の九月末から取材班の方が自宅にいらして下さって、約三カ月の取材に入りました。

それはそれはとても熱心に気合の入った取材をして下さいました。その熱意に圧倒され、感動、感激いたしました。

とっても暑い中、家の裏の林や馬頭観音さままで来て、本当に細かく取材して下さいました。

見切り発車で殺処分前日に引き取った咬傷犬のタックが、命のリレーで今も生きている。不思議なシンクロで何人にもバトンタッチして、愛と教育によって更生して警察犬の試験を受けるようになるまでの奇蹟の物語です。

殺処分の予定だった犬タックも私も、今も生きてこのような機会にめぐり合わせて頂いたことに神に感謝しています。若くもない、病み上がりの私でもここまでできるんだという自信に繋がりました。

『坂上どうぶつ王国』は二〇二〇年一月二四日（金）夜七時から放送されました。
▼人に虐待された保護犬が警察犬を目指した前代未聞の挑戦！
殺処分前日に引き取ったタックとの奇蹟の物語。

再現ドラマで約二〇分の放送でした。

保健所収容から今まで私の撮った動画や画像が元になって、その軌跡が再現ドラマとなりました。

タックが活躍することで、保護犬への見方が変わってくれたら

タックを引き取って、ここまで二人三脚で頑張って生きてきました。たくさんの人たちが助けてくれて、命のリレーのバトンタッチは続いて、いろいろありましたが、

ここまで来られました。

タックは我が家に帰って、社会性もかなり身について普通の暮らしができるようになりました。

ひとまわりもふたまわりもタックは大きくなりました。

まだまだストーリーは終わっていません。

ゴールは合格ではないのです。

保健所出身の殺されるはずだった雑種犬が、飼い主と共に人の役に立とうと頑張って生きている、このことを伝えていきたい。ただそれだけです。

目に見えないところで、あれこれと心ないことを滅茶苦茶言われている中、ここまでマスコミに注目されるのはあり得ないこと。やはり、タックは強運なのです。

元々極めてポジティブなのですが、これをきっかけに、なぜかとんでもなく良い方向に行くような気がしてきました。

タックは保健所出身の捨て犬の希望の星です。タックの犬生は保護犬の見方を変える可能性を秘めています。タックがいろいろな可能性にかけて挑戦を続け、何らかの形で活躍することで、保護犬への見方が少しでも変わっていくことができたら。一匹でも多くの不幸な犬たちが救われますように祈っています。

いつも陽の光に顔を向けていれば、影なんて目に入らない

地元のニュースや新聞をはじめ、『坂上どうぶつ王国』にも出演させていただき、タックの保護犬としての活躍が全国区になりました。

結果としては警察犬にはなれませんでしたが、これまでの対応から期待もしていませんでした。

でも、『坂上どうぶつ王国』で放送されたように、タックは、試験自体は、ちょっとよそ見しても二つの遺留品は見つけていることから、箸にも棒にも掛からぬわけではないことが分かっていただけて良かった。

我が家に帰って、裏の河原で追跡捜索のようなことをしていたのも少しはいい方向に向かったかなと自己満足しています。

追跡能力はある程度ありますが、警察犬としては不適切なのは明らかです。受験することから抵抗があったと聞いてますから、受けさせてもらえただけでも有難く思いました。

殺処分だった咬傷犬がここまで来られたという番組の内容が良かったことから、視聴率がかなり高く反響もかなりあったそうです。

これまでの努力が報われてとても嬉しかったです。

受験したとき、いつも一緒に受けていたシェパードが参加していなかったのですが、聞いたら、癌で急死したということでした。

年はタックと同じく五歳くらい。シェパードやレトリバーは、死因に癌が多いとは聞いていましたが、ショックでした。

さらに、追い打ちをかけるようにプロと言われる方に「あなたの犬は警察犬になりたがっていない。飼い主のエゴだ。犬が可哀想だからもうやめなさい」と、面と向かって言われました。犬生は短い。死んでしまったら元も子もありません。それを聞いたとき、絶対にもう試験を受けるのを辞めようと思いました。

どの犬も自分が警察犬になりたくて受験しているとは思えない。そんなことより、犬の幸せとは何かと考えると、私がしていることは間違っていると気付いたのです。閉鎖的な山口県のせいか警察犬の試験を受けたことは、なぜか地元の犬関連の方々の評価はとても悪かったらしいのですが、全国区になると、保護犬に関する見方も様々で、高評価が多かったことで多少は心が救われました。

放送が終わって、よく分からない誹謗中傷に負けず、ネガティブな考えはやめて、新しくタックと心機一転、これからも二人三脚で頑張っていくことを、裏の林の馬頭観音さまに誓いました。

裏の林にある馬頭観音さまに参拝して南天と花芝を生けて、朝日を浴びてこれからの祈願をしてきました。

朝陽が射して、光が差し込んできました。

これからの明るい未来に向けて神の祝福です。

ヘレン・ケラーのこんな言葉を思い出しました。

「いつも陽の光に顔を向けていれば、影なんて目に入らない」

生きていれば、失敗、失態、間違い、あるいは、病気や事故、周りからの非難や拒絶、その他たくさんの辛いことや悲しいことがありますが、それ自体は影ではありません。

ただ、私たちが太陽の光に背を向けたときに、そういったことが心にのしかかって、地面に影を落とします。

そんなときには、なかなか学べないし、夢の実現も遠くなります。


光に顔を向けたからといって、悲しく辛いこと自体が消えるわけではありませんが、そのネガティブな力を抑えることはできます。

「挫折して打ちのめされているときには、まず目を影から離して、光に向けてみましょう」

この言葉を残した病気で視力、聴力、言葉を失ったヘレン・ケラー自身のことを考えますと、絶望的な状態にあったヘレンが、想像を絶する努力の後に心の目で陽の先を見ることを学び、さらには多くの人を励ます存在となったのです。

ヘレンが語った言葉には説得力があり、自分にだって太陽に顔を向けることができるのではないかと思わせてくれます。

「地の時代」から「風の時代」へ――目に見えないものが重要視される時代へ

二〇二〇年一月二四日に、『坂上どうぶつ王国』の放送が終わって、心機一転新しいことを始めようと思ったその矢先、コロナ騒動によって、すべてが停止状態になってしまいました。

世の中のすべてがひっくり返ったように変わってしまって、想像もしたことがない恐ろしい時代がやってきました。

タックの取材も翌年だったら、それどころではないから話はなかったでしょう。これもタイミングだと思いました。

時代は「地の時代」から「風の時代」に変わっていきました。

占星術上ではその年ごとに星座（エレメント）が持つ特徴の火・地・風・水によって「〇〇の時代」と表すのですが、二〇二〇年までは「地の時代」でした。

二〇二〇年一二月一九日から二〇〇年に一度の水瓶座の時代、「風の時代」に移行しました。

目に見えるものに価値を置く物質主義であり、伝統と権威と上下関係を重んじる「地」の世界観から、目に見えない精神的なものにも価値を置き、対等で風通しのよい、それぞれが自立した「風」の世界観の時代へ。

社会全体が本格的にシフトしていくという約二〇〇〜二四〇年ぶりの、時代の大きな変革の始まりです。


これまで社会に対して生きにくさを感じていた人にとって、「風の時代」は願ってもないチャンスとなるはずです。

コロナの影響で、ズームなどオンラインでのやり取りが普及し、テレワークが普及したり、政府でもデジタル庁が発足したりとか。オンライン化も「風の時代」の特徴です。

「地の時代」はお金や財産、学歴、肩書きがものを言う時代、物質主義社会でした。最近は、ネットでもよく見られますが「二極化」「風の時代」と言われ、二〇二〇年一月に新型コロナウイルスが現れて、世界は一変しました。

まさかこのようなウイルスという形で現れて、ものの数カ月でここまで世界の光景や仕組みを一変させてしまうとは。占星術に詰まった宇宙の意思と、それを統計的に確立した先人達の偉大さに驚くばかりです。

緊急事態宣言が出され、仕事はリモートワークに。これまでなかったことを、コロナウイルスが一瞬で変えてしまったのです。

二〇二〇年末から始まった「風の時代」は、私たちに根本的な価値観の変化が要求されます。どのような生まれで、何を持っていて、どんな肩書きがあろうが関係なく、個人の能力、適性で、自由に個性ある人生を創造していける世界となっていくでしょう。

現実的にどうなっていくか、具体的になってみないとよく分かりません。でもこれだけは言えます。その人自身の、目に見える表面的なものでなく、目に見えない内面重視の時代になっていくということ。

人間性・持ち合わせている能力が物言う時代になる。いわゆるその人自身に、人としての中身があるかどうか、人間性がふるいにかかるのだと思うのです。

その人の人間力に比例して、人生の豊かさが決まっていくのだと私は思っています。人は、明るいもの陽気なものを求めるもの。ですから、ますます心の豊かさ優しさが重視される時代になってくるはずです。

人に見捨てられた犬、雑種犬でもなんでも、血統書とか犬種でもなく、その本質で報われる時代が来たら……。

でも「風の時代」への突入で、生き物に対する人間の価値観、そして扱い方がもっと優しく思いやりの心を持つように変わってきたら。今よりはきっと、いや、とても状況は良くなるはず。

すべては合わせ鏡。したことは全て因果応報で自らに返ってきます。

動物や環境に優しくしていくと、もちろん自分たち人間にも良い結果になってきます。

「風の時代」は良くも悪くも自分のやったことが、そのまま帰り矢のように返ってくる、因果応報の法則がストレートに現れるような感じがします。

だから、目に見えない善行を積んでいくように努めることが、幸せへの近道になると思います。

希望は常にそばにある

飼い主に捨てられて保健所の片隅で怯えているタックを見て、長い闘病生活で人に見放され、病室の隅で絶望の淵にいた自分と重なりました。数奇な縁を感じ、一目見て意気投合しました。この犬を幸せにしてやりたい、そんな思いでここまできました。

私自身、退院してまだ間もない先行き不安な状況の中、あと先を考えず無謀にもタックを保健所から引き取りましたが、それから四年が過ぎて振り返ってみると、タックの成長とともに自分も一緒に驚くほど元気になっていることに気付きました。

どんなに人生が絶望的に見えても希望は常にそばにある。そのことをタックが気づかせてくれました。私にとってタックは最高の相棒です。タックの面倒をみるのにふさわしい人物になろうと思い、私は人生をやり直そうと、前向きにずっとやれなかったいろいろなことにチャレンジしていきました。

まずは車の運転をしようと、思い切って白内障手術をしました。その結果、視力は一・八にまで驚異的に上昇。

若いときに免許を取ったものの、闘病による長年のペーパードライバーを打開しようと、自動車学校に数回通って、中古車を購入。運転を再開しました。

近所の空き家の中古住宅を事務所にしたりと、新しいスタートが始まりました。

二〇二〇年度は、コロナによる自粛で、犬も猫も快適に暮らしやすいように自宅のリフォーム工事をすることにしました。そして一間ほど外側に出して犬猫部屋を作りました。

これからも訳ありの子が来たら、少しは預かれるスペースを作ったのです。さらに田舎の広い庭を、格子で囲んでドッグランも作りました。これで、犬たちが自由に走ることができます。タックが大喜びです。

お陰でタックは、たくさんの人たちと触れ合って、人見知りもなくなって、ますます社会性のある子になりました。まだまだこれからですが、もっともっといい子になってくれるはずです。

死にかけた飼い主と殺されかけた犬、世の中から見放された人間と犬が、支えあって、日々生きていることに喜びを感じて、楽しそうにしています。

そしてまだストーリーは終わっていません。


タックは助けた私を思って恩返しをしたいのか、私の言うことをよく聞いてくれています。犬は恩を忘れないと言います。タックは、苦労した分、痛みが分かる子です。一生懸命に言うことを聞いて、訓練も前向きにしてくれている感じがとてもよく伝わります。タックと私は以心伝心です。外出して自宅に帰ろうと、家に近づくと、タックは吠えて待ってくれています。私が外出してから帰るまで窓際で、ずっと待っているそうです。

帰ろうと思ったらテレパシーで通じ合うのか、帰るのが分かるらしい。亡くなった飼い主の帰りを毎日待ち続けた有名な秋田犬の「忠犬ハチ公」みたいですね。

タックは米軍基地にいた犬で秋田犬とシェパードのミックスです。秋田犬を飼っていたことがある人からよく、タックを見て、これは秋田犬だと言われます。

アキタシェパードもしくはアメリカンアキタという犬種は、戦後に進駐軍の関係者が秋田犬をアメリカに連れて帰り、そうしてアメリカに渡った秋田犬はさらに改良され、主に軍事用の犬として誕生したそうです。

日本にはほとんどいないらしく、保健所に捨てられたからこそ、こうして私のもとで一緒に暮らすことができている。その不思議なご縁に感謝しました。


元のアメリカの飼い主に教えたい。あなたが捨てた犬は、保護犬で日本で頑張っていて、とても人気者ですよって。でも、もう返せませんけれどね、悪しからずと。

どういった経緯で来たにしても、今となってはタックは私の大事な息子です。自分のためだけでなく、誰かのために生きることで人って強くなれるんだと、私自身が実感しています。

第5章 運命は変えられる

お化けモンステラの恩返し

その始まりは、二〇二〇年九月二日の天赦日のこと。

仲良しの友達がランチと美味しいかき氷を食べに連れて行ってくれた後、最近、小さな観葉植物を集めるようになったので、近くのスーパーのお花屋さんに行ってみようということになりました。

そこで出会ったのが化け物みたいな大きなモンステラ。

そのモンステラは小さな鉢いっぱいでぎゅうぎゅうでした

通り過ぎようとしたら「助けて！」と叫び声が聞こえてきたのです。

後ろ髪を引かれる思いで帰りましたが、夢でそのモンステラが「助けて！」と出て来てうなされ続けました。

次の日の朝いちばんに迎え入れることを決意して、そのお花屋さんに向かいました。

よく聞くと三年間、鉢を変えずにそのままだったそうで、帰ったらすぐに大きな鉢に植え替えて下さいと言われました。

横にいた大きなドラセナも「連れて帰って下さい」と聞こえたので一緒に連れて帰ることにしました。

それから私のボロの車に何とか乗せて、事務所に帰ってきました。車から出したら、モンステラに向かって不思議な光が射し込んできました。

すぐにモンステラの鉢を大きなものに替えてやりました。

三年間店頭にずっと一緒にいたドラセナと共に、今度は私の事務所で暮らすことになりました。

そのとき、

「ありがとう」

と確かに不思議な声というよりも心に突き刺すような声が聞こえてきました。

何だかよく分からないけれど、モンステラが寂しいから仲間を集めたいからか、なぜか買ったこともない観葉植物をたくさん買い集めるようになりました。なぜ、そんなにたくさん買ったかもあまり記憶がないくらい、なぜそんなに集めたのか、いまだに不思議。事務所は観葉植物だらけになってしまいました。

それから、モンステラの恩返しか？　不思議な出来事が立て続けに起こります。たくさんの観葉植物を置いているが、事務所は日中もほとんど陽が当たらない。道路から少し下にあるせいもありますが、すぐ横は、崩れた空き家があってジャングル状態だから、家の中も暗い。

私が事務所にするずいぶん前から空き家で、十数年は放置状態だったという。どうせそのままだろうと期待もしていなかったのに、それからすぐ、なぜか市の職員の方がいらして、すぐに空き家を取り壊すという話になったのです。これまでそんな話も全くなかったのにです。

明らかに何かが動いている。モンステラがやってきて二週間目の話だ。それからすぐ一カ月以内の一〇月には空き家は取り壊されて整地されて、急にまばゆいほどの陽が当たり始めました。

事務所の観葉植物たちにも陽が当たり始めて、何だかみんなとても喜んでいるような感じがしました。

モンステラが自分をはじめとする観葉植物に太陽を浴びさせようと邪魔な隣の建物を除けさせたに違いないと思いました。とにかくお化けモンステラが事務所にやってきて、あらゆることが目まぐるしく急展開していったのです。

願いをかなえるガネーシャ様が我が家にやってきた

それから、またお化けモンステラが夢に出るようになりました。

でもモンステラの葉っぱに隠れてゾウさんがいる。

次の日も同じ夢を見て、モンステラの葉っぱよりもそのゾウさんが段々前に出てくるようになってきたのです。

そして、ある日パソコンをつけたら、そのゾウさんが画面いっぱいに出てきました。消しても待ち受けみたいにまた出てくるゾウさん。

調べたら、そのゾウさんの正体はガネーシャ様でした。

そのガネーシャ様のいらっしゃる大阪のお店に電話をしてみました。すると、そこの店主の方が「このガネーシャ様はご縁がある方しかだめなの」と言われました。なら仕方ないからもういいやと、放っておいたら、また夢に出て「こんばんは。そのキミ、とっても気に入ったから来週お宅にお邪魔しますわ」こんどは、意味深なことを喋りました。

今、大阪にいらっしゃるからか、大阪弁。

もう一度、そのガネーシャ様の説明書？　プロフィールを改めて見てみたら

【インドの神様ガネーシャの木製置物（横座り）】

「そんじょそこらの人が普通に買えるものではありません！」

「このガネーシャ様を手に入れる方は、覚悟して下さいね。あなたの願いはすべて叶ってしまいます。必ず出世してしまいますし、成功してしまいますから、この木製ガネーシャ様を手に入れる方は、絶対に出世してしまいます！」

とあった。

そして、さらに見るともっと意味深なことが書いてありました。

「この自信たっぷりで威厳と存在感のあるガネーシャ様は、あなたの救いの神様となることでしょう」

すごいパワーと存在感の、味わいのある木製ガネーシャが、毎晩、夢の中で説教してくれそう。「オレ、神様やねん。オレにまかせといたらええんや！」夜な夜な、そんな言葉が聞こえてきそうな、めちゃくちゃパワーのあるガネーシャ様なのです。

そんじょそこらのガネーシャ様の置物ではありません。手にする人のところへ、必ず開運と成功、福をもたらしてくれるのです。

そして……このガネーシャ様は、人を選んでしまいます。

軽い気持ちで購入されると、ガネーシャ様のエネルギーに負けてしまい、一緒にいられなくなって、結局はサヨナラする運命になってしまうと思いますので、こんなあなたにだけ、ご購入いただきたいと思っています。

私で大丈夫か？　招き猫ならいっぱいあるけれど、ガネーシャ様なんて初めて。どんな神様かよく分からないまま私の元へ来ていただいても良いのか？　でも、来週来ますとか言ってるし。本当に来られるのかな？

朝起きて、もう一度そのお店に電話して、ガネーシャ様が夢に出てきたことをお話ししました。

すると、すぐさま「夢に出た⁉　このガネーシャ様はあなたのところに行きたいって。すぐに送ります」と話が急展開して、突然我が家にいらっしゃることになったのです。

もう何が何だか分からない。モンステラだけでは力が足りないからか、モンステラが曰くつきのガネーシャ様を連れていらっしゃることになったのか。

店主がインドのデリーで見つけられた五〇年位前の古美術品のガネーシャ様。大阪のお店に数年おられ、二〇二〇年一〇月一日に縁あって我が家にいらっしゃることになりました。

ガネーシャ様はあらゆる障害を除く、学問と商売繁盛の神様

ガネーシャ様は「商売繁盛」「学問の神様」「お金の神様」「開運の神様」「障害を除

去してくれる神様」だそうです。あらゆる障害を除くことから、新しい事業などを始めるにあたって信仰される、学問と商売繁盛の神様。あらゆる開始にあたって、まずガネーシャに祈りを捧げると良いとされる。

ガネーシャは、とても縁起の良い神様です。

彼の存在はすべての後ろ向きなことを取り除き、幸運をもたらします。人々は幸運のために彼の像を家に保持します。彼を見て熟考することによって、すべての否定的な考えが落ち着くので、自分の心は純粋で肯定的な思考で幸運になっていくのです。

彼の思い出は心と体を安定させます。献身的に礼拝する人は邪悪な力から守られています。

したがって、ガネーシャを礼拝することは、健康と幸福のために非常に有益であると考えられています。

ヒンドゥー教の影響を多分に受けている日本の真言密教では、ガネーシャのことを聖大歓喜天と呼びますが、人を喜ばすことが大好きな神様だそうです。

そして、いよいよ我が家にやってくる日が来ました。その日は帰るのが夜遅くなったので、家に着いたら、玄関に大きな箱がすでに置いてありました。その箱に向かって、うちの犬たちが吠えついている。まるで生き物がいるかのようにです。

箱を開けたら頑丈にビニールで梱包されていました。大きなカッターを出して切っていくと、お顔が見えてきました。そしてチロっとこちらを見て「おこんばんは」と挨拶されたのです。

びっくりして「うわっ」と箱の中に戻しました。するとまた一斉に犬たちがガネーシャ様に飛び付いて吠えついたのです。

気を取り直して、もう一度持ち上げて、梱包のビニールを除けていった。

ようやく全体が見えかけたそのときに「初めまして、よろしくお願いしますね。今から事務所にお連れしますよ」と話しかけました。そのとき、自分の手を間違ってカッターで切ってしまい、血だらけに。

血だらけになって抱きかかえたガネーシャ様が

「行かないよ！　ここにいる。ずっと一緒にいるのや」確かにそう言ったのです。

あれからいろいろ調べて、事務所にガネーシャ様の祭壇を用意していたのですが、

結局は私の部屋の洋服棚の上の高いところに置くことにしました。いつも一緒に部屋

で寝るタックが、最初は高いところにいるガネーシャ様に吠えついていましたが、段々馴染んで気にしなくなってきました。

すると、ガネーシャ様の表情がクルっと変わって、とても嬉しそうなお顔に。祭壇にまではできないけれど、お花とお香、そして用意していた、どら焼き、キャラメル、カステラなどの甘い大好きなお菓子をたくさん置きました。

するとチラッとこちらを見て「ありがとう」と言ったのです。確かに言いました。私は〝ガネちゃん〟とお名前を付けさせてもらって、ガネちゃんのお手々を触ったら、大喜び。

そして、「お礼に何か願いを叶えてやろうか」と言われたので、私は今、一番心配していることを話しました。

「ちゃ、と、る、ちゃとるを見つけて下さい」と。

最初のお願いは「猫のちゃとるを探して」

お盆の最終日八月一六日に突然どこからともなく彗星のごとく現れた茶白トラ猫の

ちゃとる。とても優しく綺麗な雄猫。

なついていたから、誰かに飼われていたのが捨てられたことは明らかでした。

私は、可愛いちゃとるに夢中になりました。うちで飼おうと家に入れたら、たけるが思いのほか嫌がって、外でも他の野良猫に追い出されたりと、居場所がありませんでした。

どうにか家に入れるように頑張りましたが、とても臆病で弱いちゃとるは、どの猫にもいじめの対象に。何回も来ようとしましたが、追い出されての繰り返し。それから一カ月が過ぎて九月の半ばにとうとう行方不明に。とても心配していました。

こんなに臆病で気が弱い猫は、野良猫なんか無理だ。そう思って、あちこち探していましたが、神隠しのように消えてどこにもいませんでした。

もう帰って来ないのかと半分あきらめていました。


我が家にいらっしゃいましたガネーシャのガネちゃんへの最初のお願いはその「ちゃとるを見つけて下さい」でした。

そのとき、眼がキラッと光った。私に任せなさいと言わんばかりの堂々たる態度。

そのあくる日の朝早くに、ガネちゃんが上から、私とタックが寝ているのをチラ見して、「早く行くのじゃぁ」とたたき起こすので、タックと道路に出ました。

すぐさま、タックは何かを見つけて、一目散に走って行きました。ついて走って行くと、タックが電柱まで走りこんで止まって伏せた。そこはちょうどお彼岸過ぎて彼岸花がまだ咲いていました。

その電信柱の後ろを見ると、怪我をしたちゃとるが動けないでうずくまっていたのです。タックがちゃとるの居場所を突き止めたのです。

私は、タックを褒めました。警察犬にはなれなかったけれど、タックの能力は本当に素晴らしい。さすが訓練を受けただけはあります。

さらにとんでもないことが起こったのです。

近所のおばあさんが突然現れて、あり得ないことが発覚。

ちゃとるは、そのおばあさんに保健所に連れ込まれる寸前だったのです。見つけたら保健所にその猫を連れていくと決めていたという。

半月くらい行方不明だった、ちゃとるの所在が分かったことは本当に良かった。しかもそのタイミングで出会わなければ一生出会うことはなかった。

おばあさんの手を振り切って、ちゃとるを抱きしめて、隣の獣医さんに駆け込みました。そして大怪我をしていたちゃとるを、そのままそこに入院させました。

「ガネちゃん、ちゃとるが帰ってきたよ。ありがとう」と言ったら、

「じゃろうが、オレ様に任せちょけば願いは叶うんじゃ」と嬉しそうに言った。

山口に来られたせいか、大阪弁が山口弁になっているような気がした。

ガネーシャ様って本当に願いを叶えて下さるんだ！　やっぱりすごい‼

思いがけなく願いが叶ったことに心から感謝しました。

それから、翌日にちゃとるはようやく我が家に帰ってきました。腰の肉を食いちぎられており、一〇針近く縫う始末。痛かっただろうに。

薬を塗って一週間くらいで、ずいぶん良くなりました。

今は高いところでガネーシャ様と同じく私の部屋で向かい合って、落ち着いて暮らしています。去勢もしたのでもう出さないようにします。というよりも、外が怖いのかその事件以来、一切外に出なくなりました。

その事件で、私は三日間で亡くなってしまった梅太郎のことを思い出し、そのあり得ないシンクロに驚きを隠せませんでした。

二〇一九年七月の旧暦のお盆に、そのときもタックが電信柱の道路脇でうずくまっている仔猫を見つけて、散歩を中断して保護して帰ってきました。「梅太郎」と付けましたが、衰弱しきっていたので手遅れで、三日間で亡くなってしまいました。

不思議なことに、梅太郎がうずくまっていたところに、今回、ちゃとるがいたのです。彼岸花の花言葉のひとつ「また会う日を楽しみに」があります。その花言葉通り、ちゃとると再び出会うことができたのです。

もしかしたら、ちゃとるは梅太郎の生まれ変わりかもしれないとふっと頭をよぎりました。またいつか梅太郎が生まれ変わってくることを信じていました。今世こそは、

幸せに長生きできますように。そう祈りました。

野良猫は本当に受難が多いのです。混沌とした世の中で不幸な境遇の犬猫たちが一匹でも多く幸せになりますように。

タックもちゃとるもガネちゃんが大好き

ガネちゃんは家族の一員となって毎日楽しそう。本当に生き物です。あまり、人様に見せていませんが、見た人はそのパワーに驚きます。だって、素晴らしい神様なんですから。よく我が家にいらして下さいました。

ちゃとるもタックもガネちゃんが大好き。一緒に映った写真もとても嬉しそうなのがありありと分かります。

ガネちゃんの元いたところの店主の方に今の写真を送りましたら、とても喜ばれて「ガネーシャ様の喜びが半端ない。本当に良かった！」と言われて嬉しかった。ガネちゃん、うちに来てくれてありがとうね。ずっと一緒にいてよ。

ガネちゃんが来て、不思議な出来事が続いています。今も進行形ですが、その展開は驚くべきことばかりです。

私は、いつも相談は、ガネちゃんにしています。母は、とうとう頭がおかしくなったと思っていますが（笑）。

これから、何かが始まる、そんな確信に近い予感がする。一緒にいると人生がとても楽しくなってきました。ガネちゃんとのストーリーは私が生きている限り続いていきます。

寒い冬に起こった奇蹟

二〇二一年一月はじめの大雪。その寒気は恐ろしくひどいものでした。

私は気象予報士ですが、今年の寒気の南下はラニーニャ現象のせいかひどく、大雪で事務所の給湯器が凍結破裂、観葉植物も弱り果てました。

野生動物にも厳しい冬で、裏の狸が凍死していたのを、倒れた木の横からタックが見つけました。弔ってほしかったのでしょう。可哀想に。

裏を見ると今度は、レモンの木が凍結し、のちに木の枝が枯れて実がぶよぶよに腐ってしまいました。

しまった。実を取っておけばよかった。後悔しても戻らず。

秋に台風でボッキリ折れたレモンの木の枝。でもそれは自然の摂理だったのかもしれません。というのは、凍結しても枝が少ないほうが影響が少ないかもしれないからです。

実はもういいから、根がまだ大丈夫で木が生きてくれたら。そして来年も負けずに実をつけてほしい。そう願って、実を採っていきました。

たけるが心配して木の上からやってきました。タックと一緒に祈っていました。

今回の凍結で、もしかしたらもう難しいかもしれない。これまで約一〇年間頑張って実をつけてくれてきた思い出いっぱいのレモンの木。

入院していたときも大きな実をつけてくれて、レモンに勇気づけられたものでした。

でも、今回は本当にだめかもしれない。身代わり？　厄落とし？　そんなことはない。レモンも生きたいはずだ。

それから、近くのホームセンターに新しいレモンの苗を買おうと駆け付けました。

そこでも驚くべき光景が……。

なんと、ホームセンターのレモンの木も、外に出されていたため、ほぼ枯れていて他の柑橘類も半額以下の値段になっていたのです。


レモンの苗木は、特に寒さに弱いのか、葉っぱが全部枯れて全滅でした。でもこれまで雪による凍結でこんなになったことはありません。

コロナで世界的に大変な世の中で、自然界までとんでもないことになっているなんて。いまは地球の危機に直面しているんだと、なぜかホームセンターで実感しました。

でも、まだこの苗木は生きている。生きたいと言っている。こんな枯れた苗木、安いといえども、お金を出してまでだれも買わないだろう。

苗木の根元はまだ大丈夫だ、波動を見てもまだ生きている。

このままでは枯れて死んでしまう……。放ってはおけない。この場面に遭遇したのもきっとご縁だ。そう思って、私は後先考えず、そこの半額以下の見切り品の苗をすべて買うことにしました。全部買ったので、さらに安くしてもらいました。

店員さんに「有難うございました」と言われ、すべて車に乗せると、苗木たちが心なしか元気になり「有難う」と聞こえました。

それからとりあえず、全部を家に持って帰りました。

二〇本以上はある果樹の苗木を一体どこに植えるのか？　後先考えず持って帰ったのはいいのですが、まずはそこが問題でした。

ガネーシャのガネちゃんにどうしようかと聞いてみました。

すると「近いうちに事務所の隣の土地が使えるようになるから、そこに植えるんじゃ」と言いました。

隣の土地を手に入れないか？　という話が出てきていましたが、話は止まって保留となって、なくなっていました。

本当か？　と思った矢先、市役所から突然電話があって、二〇二一年二月の一日、神の日にこの隣の土地が現実的に手に入ることが急に決まりました。この春から使ってよいとのことでした。加速度的に神がかりな展開を見せました。

またしても、ガネちゃんの言った通り、願いが叶ったのです。

秋にモンステラが事務所に来て、それからすぐに事務所の隣は空き地になり、ガネーシャ様も続いていらして、それから三カ月後に自分の土地になりました。

事務所の横の土地が手に入ることで、河原にはたくさん苗木を植えられます。しかも、事務所は自宅の川沿いの番地が違うだけの近所で、自宅にあるレモンの木たちと同じ環境の良い状態で植えることができます。


二〇坪に満たない河原の小さな三角の土地。買うというよりもらうに近い。イナバ物置くらいの値段の近所の事務所と小さな土地。神様のプレゼントだ。


その河原に枯れかけたレモンなど柑橘類の木をたくさん植えることで「生きたい」という彼らの願いは叶いました。

事務所と隣りの土地が一気にパワースポットになってくる感じがしました。

この枯れかけたレモンの苗木たちは死にかけたのが復活したように、きっと数年後にはたくさんの実をつけてくれるでしょう。

その日の晩、私は夢を見ました。河原に植えた枯れかけたレモンたちが、まばゆい光の中、取り切れないほどたわわに実をつけている夢を。

死にかけた彼らは生きて、私を、そしてたくさんの人を幸せにしてくれる。

そんな幸せな夢を見て、私はこれからの人生がますます楽しみになりました。

神様に愛される人

「風の時代」に向けて、神様に愛される人は、確実に幸せな人生を歩めると言えます。

神様に愛される人というのは、沢山の苦難や試練を与えられている人のことをいいます。しかも、耐えられないくらいの厳しい苦難や試練の連続であること。ちょっとやそっとではなく、生きるか死ぬかのレベルの半端ない苦難です。

身から出た錆で起こったような、カルマの法則の結果のような、因果応報によって自分で勝手に苦しみを作って自滅して苦しんでいるのとは違います。

神に愛される人には、生まれ持って、そのような苦難の連続のプログラムが組み込まれています。まさに、死なない程度に、魂を磨くに値するような、身を削る恐ろしいことが普通に起こるのです。

結婚して子供を産んでというような、いわゆる普通の人生からそれてしまうことがほとんど。ただし、神に愛されていると、それ相応の代償として、大金持ちではないとしても、なんとか暮らせてお金には困ることはありません。

本当の苦難や試練を与えられ、それを経験して修羅場を乗り越えることによって、他人の苦しみが分かるようになる。人の気持ちが分かり、寄り添えるようになる。それが、利他愛の実践につながっていくのです。

スピリチュアルかぶれの、現実を見ていない知ったかぶりの人たちが、自分が「神様に愛されている」「神に見守られている」「○神が守護神だ」とか簡単に言うのを聞くと、何も分かっていないのにと情けない気分になります。完全な勘違いです。

なぜなら、神に愛されている人は、必ず何らかの身を削るほどの苦難を経験した人たちであるから、そんな、生ぬるいものではないのです。

我々がなぜ生きているのかというと、魂を磨くため。目に見えるような、持っているものではなく、その人がどれだけ自分の魂を磨けたかが重要なのです。

つまりそれは、魂のレベルの高さ、もっと言うとその人の持つ人間力の向上につながります。魂を磨くには、苦難、困難、試練を経験するしかありません。神に選ばれ愛された人には、生まれ持って、あり得ないくらいの困難な人生のカリキュラムがプログラミングされているのです。

数々の修羅場を乗り越えた人しか神に選ばれないのです。

本当の幸せを知るためには、苦しみと喜び、つまり光と闇の両方を知る必要があります。苦しみである闇を経験しないと、光が分からない。

闇の中でしか光が灯せないように、苦しみに直面して克服してこそ、幸せになれるもの。

「神様は乗り越えられない試練は与えない」とよく聞きますね。

自分が生まれもってきた課題に立ち向かって、ひとつずつ乗り越える経験を積んでいくことが大切です。ひとつひとつ乗り越えていくと、その度ごとに開眼していき、自分のすべき使命が分かってくるはず。私自身もまだそんな中にいて模索していきます。

今、苦難の連続の中にいる人は、私は神に愛されていると前向きに思って、乗り越える力にすると良いと思います。

良い加減くらいが神様に好かれる

生真面目すぎて遊び心のない、固定観念にこだわり過ぎる、いわゆる「地の時代」の硬すぎるようなタイプは、神様にあまり愛されないと断言できます。

たとえば、「～であるべきだ」「こうしなくてはいけない」という型にはまった常識の枠から出ることができない人。あれこれと規則に対して細かい人、いちいち反論して人の話に耳を傾けない人。

そんな人たちは、表面的なものしか見ていない傾向があり、器が小さく、そんな心が狭い人は神様から絶対に好かれません。

また、顔が分からないからと、見えないところでクレームを付けたり、陰口を言ったり、SNSであちこち悪口を書いたりするような人も、神様から嫌われるといいますか、相手にされません。

発した言葉には主語がないので、天に放ったその悪口は、帰り矢として必ず自分に戻ってきます。自分では何が悪いか分からないかもしれませんが、いつも批判や文句しかない、そんな低レベルの人たちは神様の世界の圏外です。

そして意外ですが、人間界のルールにのっとった「品行方正な清く正しい人」が、必ずしも神様から愛される条件とは合致しない。

神様に好まれるのは、ある程度、「まあいいか」と心が広い、許容範囲が大きい人、つまり、ある程度のいいかげんができる人です。

いいかげんとは「良い加減」という意味です。

なぜなら、この世に起こることは、白か黒か、正しいか悪いかだけに分けることは難しく、場合によってはどっちつかずのグレーにならざるを得ない部分はどうしてもあります。ある程度許す気持ちがないとダメなんです。

そもそも人は、完璧な人間になるために生まれてきたわけではありません。むしろ、いろいろな価値観の人に出会って、揉まれてたくさんの経験をしてこそ魂が磨かれていくのです。

神様に愛された人はえこひいきしてもらえるもの。やたらに運が良くなる、つまり強運なのです。不思議に良い縁を引き寄せる、謎の導きやミラクルが起きる、人生の展開が早くなるなど、信じられないことが起きてきます。

しかし、神様に好かれ愛されるというのは、自分だけ幸運になるのではなく、神様の分身として、神の意向を伝達し、世の中を良くしていくことができる人。そのためには、素直で純粋な心が必要となります。

神様といえども、ああ言えばこう言う、うるさい人よりは、ユーモアのセンスがありながら、さり気なく気が利く、さっと動くことができる人の方がいいに決まっています。

神様に愛される人は、まずは感謝の気持ちを持ち続ける人です。そして、人の気持ちをくみ取れる、自分以外の人の幸せを願える、どんな「困難」にもくじけず「希望」を見出そうと思える前向きな心を持った、そういった人なのです。神様は素直な人が大好きです。そのことを忘れないでほしいと思います。

楽をさせてくれる人ばかりに囲まれていたら、魂の修行になりません。だからこそ神様はあえて、あなたにとって大変な状況や困らせる人を周囲に配置させているのです。でも、それは自分自身が幸せになるための過程にしか過ぎません。

神と対話するようになった訳

いつからだっただろうか、私がこの世のものではない誰かとコンタクトを取り出したのは。

中二で原因不明の病気になって、事態は一変した。完治が難しいと言われている難病を発症したのだ。入退院を繰り返し、劇薬大量投与で免疫力が弱くなったため、外には出られず、身動きすらできない状態になってしまった。

四〇℃を超える熱が続いて、意識がもうろうとしてはまたこの世に戻って来るようなことが、日常茶飯事だった。

当時私は心を閉じていた。この世のすべてが敵だった。私の世界は「自分」と「猫」だけで、私はそれ以外の世界に対して、心を閉ざしていた。目に見えない、よく分からない誰かが、私にささやきかけるようになったのは、その頃からだ。

私の身体は一人では何もできないほど、体力がなくなり、弱くなっていた。それは最大の欠陥だった。しかも致命的な。

元気でなければ、動けなければ、使えなければ、宝の持ち腐れだ。何でもやればできるはずだった。しかし、病になったことでやりたくてもやることができなかったのである。気が付いたら、自由が利かない病弱な身体になっていた。

まだ中学生なのに、高熱が続いて寝たきりが長く、筋力低下で走ることはおろか、歩くことすら満足にできなくなっていた。きっと健康ならば当たり前のようにできるであろうあらゆることを、私はやってみることすらできなくなった。

反対に言えば、体が弱いから、頭を使うことは何でもできたのかもしれない。天は二物を与えないというのは本当だ。体を動かさずにできることといえば、勉強か読書か文章を書くことくらい。それも調子が良いときにだけ。

周囲からは「病気だから仕方ないね」と、そんなニュアンスのことを、何度言われただろうか。あなたは不幸だねと言わんばかりに。去る者は日日に疎しで、周りのほとんどが私を見捨てていった。弱いものは、擁護されるのではなく、見えないところで罵倒されていくのだと思った。私はますます人間嫌いになった。

入退院を繰り返していくうちに、同じ病気で闘っていた人たちも、次々に亡くなっていった。医者も両親も、私もそのうちいなくなるだろうと思っていたようだった。それが当たり前であるかのように。確かにそうだ。こんな体で生きていても意味がない、世の中の迷惑だ。

だが、ある意味、人生を諦めていた私はなぜか、それをどうも思わなくなっていた。私が死んだら、この猫はどうなるのか。私の不安はそこしかなかった。

何でもできる優越感と、何もできない劣等感が入り混じって二つに挟まれて、私はますます歪んでひねくれていった。学校にもほとんど行けず、常に自宅か病院で誰とも話さず過ごす日々。話すのは横にいつも連れ添っている猫。

誰も信じず、誰とも口を利かなくなった。何もかも信じられず、興味もなかった。

狭く小さい檻の中に閉じ込められた籠の中の鳥、他人が簡単にできることもできない自分に愛想が尽きた。他人を恨むのではなく、自分の体の弱さを恨み、できない歯がゆさ、この世の理不尽を呪った。

まだパソコンもスマホもない時代で、自分の心の拠り所を本に求めるようになっていった。いつも一人だった私は、本の中に自分の居場所を求めた。

ここじゃないどこか、現実逃避である。望むのは現実からの逃避であり、現実直視も不幸自慢も必要なかった。私にとっての現実世界とは、狭い部屋と閉じた世界観だけだったのだから。

そうやって、俗世間から外れた孤独な生活を送っていく中、この世ではない異次元空間の何かとコンタクトできるようになっていた。つまり、病気による苦行を通して修行を積んできたからか、この頃から第六感がさらに冴えてきたのである。

生きているものはもちろん、亡くなった犬や猫たちの気持ち、つまり心を読み取れるようになったのだ。やり取りはしないが、霊は普通にリアルに見えていた。見えるものが、当時は勉強・経験不足で何かが分からなかった。神か？　霊か？　でも、この世のものではない何者かが見えるのは確かだった。

「明日で、あなたの命は終わります」

そんな孤独な世界のなかで、ある日、得体の知れない訪問者が闇の中から入り込んできた。今思えば、それは、死神との最初の出会いだった。

その黒い得体の知れないおじさんは、こう言った。

「明日で、あなたの命は終わります」と。

別に死なんて怖くない。むしろこんな苦痛な人生がさっさと終わってくれて万々歳じゃないか。それに、私が死んで悲しむ人間もいないことだし。

ずっと病気ばかりで手間の掛かる、愛想もなく健気さも見えない私。

むしろ、高熱と痛みと苦痛で耐えられない苦しみをこれからも味わうのならば、いっそのこと死んだ方がましかもしれないと思った。

そんな訳で、私は特に未練もなく死を受け入れた。

「じゃあ、いっそのこと今殺して下さいますか」

「そんな訳にはいかないよ。明日のこの時間、深夜零時にお迎えに参ります。それまでに、この世の最後にやりたいことをしておくんだな」

死神は、さらにこう言った。

「なぜ、キミが死ぬことになるか教えてあげよう。それは、神に愛されてしまったからだ。神は自分好みの人間に尋常じゃない特殊な能力を与える。その代わりに、死後はその魂なり霊体なりを永遠に自分の傍に置く。キミは神に愛されたことを光栄に思いなさい」と。

この神様は死神？　よく分からないけれど何かの神様なのは間違いない。でも人間臭い感じがした。神様には遊び心があるというのは本当だとその時思った。

神の愛なんて知ったこっちゃない。そんなものを受け入れる気はない。でも明日死ぬのなら、やるべきことはしないといけない。そう思って早々に眠りについた。

私は神の媒介

朝早く起きて、いつものように裏の林にある馬頭観音さまにお別れの挨拶に参拝した。すると、当時飼っていた猫が走って駆け付けてきた。

「私、死ぬみたいです。これまでありがとうございました。」と言ったら、猫が悲しそうな顔して、ニャーっと泣いた。そのとき、我に返った。

私が死んだらこの猫はどうなるの？　そもそも神に愛されて命を持って行かれるってなんかおかしくないか？

またしても、猫が大きな声でニャーっと鳴いた、その瞬間、この猫が恐ろしいほどの眩《まばゆ》い光に包まれた。そして、猫の後ろに輝かしい何かが見えて笑みを浮かべて立っていた。そしてこう言った。

「あなたは、神の媒介。この世でまだ使命があるからまだ死ねない。生きて生き抜くのだ。」と。

闇の中が一瞬で光に変わって、眼が明けていられないほどの神々しい光の中で、一気に物の怪が吹き飛んで行った。

そのとき私は、生かされていることに感謝して、生きて神の媒介としてできる限りのことはしていこうと心に誓った。

そのとき、自分の中で、一瞬で何かが変わった。これは、神に魂を売ったようなもの。生きている限り、やりたいことをやってやろうと、半分やけくそな気持ちだった。それから、なぜか心の中が陽のエネルギーで満たされてきた。全てのしがらみから解放されて、鳥籠の格子を破って、ようやく飛び出すことができた。そんな衝撃的な瞬間だった。

その日の晩、死神？　は結局迎えに来なかった。違う神様にすり替わって、生贄を取られてしまって諦めたのか。

死神？　の出現をきっかけとして、生まれ変われることができた。死と生は背中合わせなのだと実感した。

蝉の声とともに、忘れもしない中学校三年生の暑い夏の出来事だった。

それから私は、病気は治っていないけれど何となく落ち着いてきて、少しずつだが動けるようになってきた。病魔に打ち勝って、運気の流れに乗れたのだと思う。

そして学校へ通いだした。それまで、ほとんど行けなかったことから、出席は全然足りなかった。でも自分で言うのも何だが、体力はないが記憶力は凄く、半年で一気に盛り返し成績は上位に。

そして行きたい高校に入学できた。ようやく動けるようになってやりたいことができるようになったことに感謝した。

それから、高校生活は何とか過ごせたが、やはり病状は一進一退で、人生の修行は続いた。高校卒業後の約一〇年間はまた闘病生活で入退院を繰り返し、あの世とこの世を行き来した。

でもあのとき、馬頭観音様で言われた、「神の媒介」、「使命が終わるまで死ねない」という言葉がずっと頭にあって、試練をひとつひとつクリアしていった。

そんな中、不幸な境遇の犬猫もできる限り保護していった。その子たちが、ずっと私の心の支えであって生きる原動力になっていた。それからもずっと二〇代は入退院を繰り返し、二九歳で普通より一〇年遅れて近くの通える大学に入った。

調子が悪くて休み休みで一〇年間通って、博士号の学位をもらった。論文を書いていたことが、今の物書きとつながった。

でも、またその直後に脳梗塞で生死をさまよい、またしても死神が登場する。何だかんだあったけれど、その度ごとに、魂レベルのステージが上がっていっていることを実感している。

今現在はあらゆる困難を乗り越えて、これまでの人生で一番元気でいる。今生きていることに感謝して一日一日を後悔がないように暮らしています。

神様とは……馬頭観音様はヴィシュヌ神　大黒天がシヴァ神に

我が家の裏の林に馬頭観音様の石碑があります。若いときから、病気であまり外に出られなかったので、そこにいつも参拝してお願いをしてきました。

いつも飼っていた猫と犬と参拝しており、思い出がたくさんあります。

神がかりな光が映ったり、不思議な出来事がたくさんありました。大体の願いは叶えて下さって、私の中では、一番身近な最高のパワースポットとなっています。

中学校三年生のときに、お出になられた神々しい神様は一体どなたなのだろう？と、馬頭観音様のことを調べてみると、仏教とヒンズー教の神様の関連、インド神話と日本神話の関係が分かってきました。

馬頭観音はサンスクリット語でハヤグリーヴァと呼ばれている観音様です。ハヤグリーヴァは「馬の首」の意味で、ヒンドゥー教では最高神ヴィシュヌの異名でもあります。

馬頭観音は、古代インドの宗教であるヒンドゥー教のヴィシュヌという神が、馬の姿に変身し難敵を倒したとされる神話が起源の仏様です。

古代からインドで馬は、四聖獣（獅子、象、牛、馬）として神聖な動物とされていました。

日本では、平安時代から六観音の一つとして、馬をはじめとする全ての動物を守護する仏様として信仰されてきました。馬神ハヤグリーヴァは大乗仏教に取り入れられて馬頭明王《ばとうみょうおう》（＝馬頭観音、馬頭観世音）となります。

馬頭明王はチベットでも日本でも見ることができます。チベットの馬頭観音はヒンドゥー教時代の「悪魔」の痕跡をとどめていることが分かります。

菩薩の一尊で観音菩薩の変化身の一つであり、いわゆる「六観音」の一尊にも数えられ、畜生道に迷う人々を救済します。

近世以降は国内の流通が活発化し、馬が移動や荷運びの手段として使われることが

多くなりました。これに伴い馬が急死した路傍や芝先（馬捨場）などに馬頭観音が多く祀られ、動物への供養塔としての意味合いが強くなっていきました。

馬頭観世音の文字だけ彫られた石碑は、多くが愛馬への供養として祀られたものであり、また家畜の安全と健康を祈り、旅の道中を守る観音様として信仰されました。

馬は武家も農民にも生活の一部となっており、馬を供養する仏としても信仰されました。

他の観音様は女性的な美しい表情であることが多いですが、馬頭観音は怒りの憤怒の形相で表され、馬頭明王と呼ばれることもあります。

怒りの激しさによって苦悩や諸悪を粉砕し、馬が草を食べるように煩悩を食べ尽くし災難を取り除くとされています。『ウィキペディア（Wikipedia）』より

ガネーシャ様はシヴァ神の息子

馬頭観音様は、ヒンドゥー教のヴィシュヌ神の異名でした。

もしかしたら、あの神々しい神様はヴィシュヌ神だったのか？

さらによく調べていくと、インド神話と日本神話の深い関係があって、シヴァ神が大黒天つまり大国主命様で、シヴァ神の息子がガネーシャ様ということに行きつき、あまりの関連性にとても驚きました。

シヴァ神はヒンドゥー教で最高神として崇められている三大神の一柱で、破壊を司る神様です。

ちなみにヒンドゥー教の三大神とは、以下の三柱。

ブラフマー「創造」　ヴィシュヌ「維持」　シヴァ「破壊」

この三柱が宇宙を作り、維持し、そして破壊する。そのサイクルで世界が回っていると考えられています。


ヴィシュヌが豪華な衣をまとい、神々しい姿で描かれているのに比べるとシヴァの服装は虎の皮と腰巻だけ。山のような形に結わえた螺髪からは水が滴り、首に蛇を巻き、手には三叉戟を持っています。神々しさというよりは、荒々しい印象を受ける姿です。怒ったときは額の目から炎を出して世界を焼き尽くし、打ち倒した悪鬼の上で世界が壊れんばかりにダンスを踊ります。

シヴァ神の息子が「ガネーシャ」で、大黒天はシヴァ神が前身と言われています。シヴァの異名の一つに「マハーカーラ（大いなる暗黒）」と言う名前があり、中国に伝わった際にその異名を「大黒」と訳されて大黒天の名称がつけられたそうです。

中国から仏教が渡来したのと同時に日本に伝わり、読みが同じだったことから日本の神「大国主命（おおくにぬしのみこと）」と神仏習合し、七福神でお馴染みの大黒天として日本に広く信仰されています。大国主はダイコクとも読めることから大黒天と神仏習合したと言われています。

大黒天にはシヴァの破壊神としての面は見受けられません。福袋と打ち出の小槌を持った福々しいお爺さん姿で描かれ、豊穣の神として広い人気があります。インドの神で、仏教に取り入れられ台所の神とされ、大国主命の別の姿ともされる。

よく調べていくと、インド神話と日本神話の深い関係があって、シヴァ神が大黒天つまり大国主命様で、シヴァ神の息子がガネーシャ様ということに行きつき、あまりの関連性にとても驚きました。

【参考資料】『七福神の謎』武光誠著

参考書籍
『いちばんわかりやすい　インド神話』（著：天竺奇譚）／実業之日本社
『完全保存版世界の神々と神話の謎』（著：歴史雑学探究倶楽部）／学研プラス

ガネちゃんからの不思議なお告げ

秋にガネーシャ様のガネちゃんが我が家にいらっしゃってから、驚くべき不思議な展開で、新しいことが起こってきました。

二〇二〇年はコロナ騒動で世の中の全てが停止してしまいました。タックもせっかく全国区で放送してもらったにも関わらず、すぐさま書籍化するつもりが、このような時代に何を書いてよいのか分からなくなって、保留になってしまっていました。

すでに、『坂上どうぶつ王国』でテレビ放送されて、ちょうど一年が過ぎた二〇二一年二月はじめのこと。いただき物のどら焼きをお供えした瞬間、ガネちゃんが話しかけてきました。

「タックのこと、本に書きよるんか？」と聞かれ
「いや、途中まで書いて止まっています」と言ったら
「何をしちょるんかぁ！　早う書かんかぁぁ！」と怒られました。

「でも、まだ書いて下さいと言われていないので、そんなに急がなくても……」

「チャンスは前髪しかないとよく自分でよく言うくせに、まあ」

あきれたようにこちらをチラ見して睨んで意外なことを言いました。

「春には出版されるから、早く書いておくのや」

「ええええええっ。そんなことありますか？」

びっくりしていたら、睨んできました。

「分かりました。今日から書いて、頑張って今月中に仕上げます」

「ようし！　早く取り掛かるんじゃあ！　書くことは上からたくさん降りてくるから、あとはワシに任せたらええんや」

なんだか、教育パパみたいなガネちゃんでしたが、次の日に驚くべきことが。

出版社の方から突然電話がかかって、四月には出版しようと思うから早く原稿を仕上げて下さいと……。

「えええええっ」

ガネちゃんの言うとおりになったことに唖然。やっぱり願いを叶えるゾウだ。神様って凄い。改めて、ガネちゃんの凄さに驚きました。

上にいるガネちゃんが偉そうに、ほら見ろって感じで、チラ見してました。

それから、途中まで書いていた原稿の続きを急ピッチで書くことにしました。

書き始めたら、何かしら勝手に上から、書きたいことが次々と降ってきて追いつけないほどに。これまでは、書いては止まり、また書いては止まっての繰り返しだったのに。

書くチャンスは今しかない。そう思って、ずっとほとんど寝ないで、取り掛かりました。勝手に書いている、というか書かされている。神がゴーストライターだ。書いていることに自分で感激しながら、どんどん書いている。

ガネちゃんは、人にも動物にも優しい神様。タックとのことを本にして、命の大切さを伝えて欲しいことはよく分かっています。もちろん私もそうです。

これからも、私はタックと共に生きて、ガネーシャ様のガネちゃんの教え、そのストーリーを生きている限り書き綴っていきたいと思っています。

愛の反対は憎しみではない。無関心だ

私はタックと出会って、殺処分の現実を身をもって経験しました。それを、一人でも多くの人に伝えたい。一匹でも助けてあげたい。そんな思いから始まりました。タックのように咬傷犬として保健所に連れ込まれ、生きることを絶たれそうになっている子達が現実にたくさんいることを知ってほしかった。救う神あれば捨てる神あり。こんな子達を救うのもまた人間。だから少しでもこういった不幸な犬達に関心を持って、一人でも救ってくれる方が増えてくれたらと思って始めた活動でした。

私個人の無謀な行動が、様々なマスメディアに取り上げられて、タックは保護犬の希望の星となっています。

良くも悪くもいろいろなことを言われましたが、どんなかたちでもマスコミを通し

て、少しでも多くの方々に関心を持って頂いて、動物虐待防止、保護犬への理解に、少しでも繋がってくれればと思ってのことでした。

思いが通じたのか、たくさんの反響がありました。

でも、マスコミは一時的なもの。ブログやインスタグラム、ツイッターでもタックをはじめとする我が家の保護犬・保護猫のことはずっと載せてはいますが、影響力は小さい。

もっと、知ってもらうには、やはり本です。タックのこれまでの奇蹟の跡を、本を通してなら具体的に伝えることができ、多くの方々に共感してもらえるかもしれない。私は、今こうやって、本を書かせてもらって、自分の体験した現実を直接伝えられる立場にいることに、とても感謝しています。

あとは、私の伝え方にかかっていますが、二人三脚で頑張ってきた過程をちょっとスピリチュアルですが、そのまま書いているに過ぎません。私にとってタックはもう息子のように、なくてはならない存在になっています。

特に、コロナ騒動でとんでもない時代になって、タックが心の支えになって助けられて、乗り越えられている自分があります。

どんなに問題ある子でも、環境を整えさえすれば、愛と躾によって信頼関係を通して、犬も素晴らしい伴侶になるということ。私はこの本を通して、殺処分対象でもタックのような素晴らしい犬たちがたくさんいて、陽の目を見ないまま、この世からいなくなってしまう犬がいるという事実を伝えたい。

私はとても犬が好きですが、何もできない人、やりたいけれど一歩前に踏み出せない人たち、もしくは目を背けて見ないふりをしている人、蓋をしている人たちの気持ちも分かります。自分も以前はそうだったから。

一番悲しいのは、関心がないことです。興味がない、反応がない。つまり、自分の行動や活動に関心を持ってくれていないということ。関心がないというのは、保護犬・保護猫だけの問題ではなく、どんな問題も進展しません。

「愛の反対は憎しみではない、無関心だ」とマザー・テレサは言いました。無関心であること、苦しむ者に関わりを持たずに傍観者であることが愛の対極にあると。

様々な意見があって、いろいろなことを指摘されるのは仕方がないのですが、どうでもいい、興味がない、関心がない、と言われるのが一番悲しいです。忘れてはいけない大切なこと、無関心になってはいけないことってたくさんあるはず。いずれ自分自身にも降りかかってくるかもしれないのに。

一生懸命発信しても、受け止めてくれない人たちもいます。でも多少なりとも賛同してくれる人もいます。助けてやりたいという暖かい気持ちを持って下さるだけでうれしい。だからこそ私は、一人でも多くの理解ある人に、何でもいいから何かできることからして欲しいと思って発信しています。

私とタックはこれからも二人三脚で力を合わせて、あらゆる可能性に挑戦し続けます。タックの話を伝えていきます。生きている限り、タックと私の軌跡は続いていきます。

ぼくたちはここで待ち続けている。
あなたが声を上げてくれるときを待ち続けている。
里親になって下さい。

里親になるのが難しいのなら預かりさんをしてくれませんか？
保健所からぼくたちを救出するのが無理ならば、
SNSで載せて僕たちの存在を知らせてほしい。
誰かにぼくたちのことを話してくれるだけでもいいよ。
預かりさんができないのならば、シェルターにボランティアに行くことは？
知らないふり、見ないふりだけはしないで。
ぼくたちはこのままなら、ずっと殺され続けるんだ。
ぼくたち命がけなんだ。

君たちの存在に気づいてくれる人がひとり増えたなら
君たちを取り巻くこの世の中は変わるだろう。
君たちを幸せにしたいと願う人がひとり増えたなら
この世の中はきっと変わるだろう。
そして、すべての命に思いやりを持てる世の中に変わることは、人間にとっても素晴らしい世の中になるはずなのだから。

どんなに小さなことでもよいから、少しでも価値観を変えていけるように、まずはできることから行動して行こうと思うのです。

醜いアヒルの子のように運命は変えられる

私の大好きなアンデルセン童話の「みにくいアヒルの子」。作者はデンマークの作家、ハンス・クリスチャン・アンデルセンです。

とあるアヒルの群れで、卵が孵りました。しかし一羽だけが黒い雛《ひな》で、アヒルの親はその姿に驚きます。しかし他の雛と同じように上手に泳いだため、一緒に育てることにしました。

ただ黒い雛は、周りのアヒルたちから「みにくい」といじめられ、耐えきれなくなって家族のもとから逃げ出します。

しかしみにくいアヒルの子は、他の群れへ行ってもいじめられてしまうのです。しだいに、生きることに疲れてしまいました。

冬が終わって春になる頃、みにくいアヒルの子は自分を殺してもらおうと、白鳥が住む水辺に向かいました。

そこで水面に映った自分の姿に驚きます。

黒くてみにくい姿だった雛は、成長して立派な白鳥の姿になっていたのです。

そして白鳥の群れにあたたかく迎え入れられ、幸せに暮らしました。


人を外見で判断してはいけない。他人と違っているからといって悲観することはなく、いずれ大成する可能性を秘めているという教訓を伝えています。

童話作家のアンデルセンは若い頃いろいろな苦労をしてきました。そういう経験を通してこそ、このような人生観が確立したのだと思います。

アヒルの親のもとに生まれた一羽の黒い雛。周囲から「みにくい」といじめられたのは、彼が皆と異なる姿をしていたからです。

アヒルの親は当初、他の雛と同じように上手に泳ぐことができたため、一緒に育てようとしてくれました。

ところが同じ群れのアヒルたちからは、見た目が違う異質なことからいじめられてしまいます。

アヒルの子は、最初は母親から愛されていた。でも兄弟や隣人からいじめられる日々が続く。ついには自分を愛してくれた母親からも捨てられる。

家族から追い出された哀れなアヒルの子は家を出た。外へと出た彼は外の世界でも辛いことの連続。

冬になりアヒルの子は池の中で凍ってしまった。そこを心優しい百姓に助けられたがアヒルの子はいじめられると思い、ミルク皿へ飛び込んだりバターや小麦粉の樽の中に入ったり大騒ぎ。

命からがら逃げ出したアヒルの子。自分を助けようとしてくれた百姓一家だったのに。他人からの優しさを知らなかったアヒルの子は恩を仇で返すことになってしまう。

春になりすっかり生きる気力をなくし、いじめに耐えかねた雛は、群れを離れてさまざまな場所を転々とします。時には手を差し伸べてくれるものも現れましたが、その周りのものはその場に留まることを許してくれません。
雛はしだいに、「自分がみにくいせいだ」と思い込み、死を選択しようとします。

このことから、周りのアヒルたちと同じように、雛自身も物事を見た目で判断してしまっていることが分かります。雛の本質を見極めていたのは実はアヒルの親のみ。物事の表面しか見ていないと、誤った道に進みかねないのです。

アヒルの子は昔見て美しいと思った白鳥の群れの所に行き、
「どうか僕を殺してください」と頼んだ。
しかしそのときに、水面に映った自分を見ると彼らと同じ、白鳥だったのだ。

物語の終盤、黒い姿で生まれた雛は、自分が白鳥だったことを知ります。同じ白鳥の群れに迎え入れられ、ようやく平穏な生活を手にすることができました。

それまで雛は、周囲の評価から自分をみにくいと思い込み、水面に映る姿を見るまで自分が白鳥に成長していたことに気付きませんでした。

もしも彼が最初から自分の見た目を「コンプレックス」ではなく「個性」ととらえていたならば、環境は大きく変わっていたかもしれません。

他のアヒルと変わっていることで、いじめられるわけですが、変わっていることは素晴らしいこと、それは元々持っていた「個性」ということになります。

それが、のちにその「みにくいアヒルの子」のチャームポイントになったということにほかなりません。

「みにくいアヒルの子」から学べる教訓は、物事の本質を見ずに、見た目だけで判断してはいけない。「コンプレックス」ではなく、「個性」として受け入れることが大切ということではないでしょうか。

そして、そのコンプレックスを個性として判断できるような人間力が重要なのだと思います。


アンデルセン自身が、彼自身幼い頃に苦労しており、これは自伝だと言っています。「みにくいアヒルの子」が生まれた背景として、作者のアンデルセンは、とても貧しい家庭で育ったという過去があったからだと言われています。

幼い頃に父親が他界し、学校へ通うこともままならなくなります。

周囲の助けもありなんとか大学へ進学することができました。しかしいじめを受ける日が続き、孤独な日々を送ったといいます。

卒業後はヨーロッパの各地を転々としながら、詩や小説、童話を創作。行く先々で貧富を問わずさまざまな人と交流をし、愛される物語を生み出す作家となりました。ハンス・クリスチャン・アンデルセンは次第に国際的に有名になっていきます。名作をたくさん残して亡くなる前には「国宝」と言われていました。

幼い頃の境遇とはかけ離れた生活をするようになって、昔を振り返って見たときの様子を物語にしたのでしょう。

アンデルセンの初期の作品は、主人公が亡くなってしまう結末のものが多く、これは「貧しい者は死ぬ以外に幸せを掴めない、その事実を社会は見て見ぬふりをしている」という彼自身の訴えを重ねていたと考えられています。

「みにくいアヒルの子」は、そんなアンデルセンが創作した作品のなかでも彼の人生そのものを表しているといわれる物語です。

貧しい出自から考えると並外れた栄誉を得たところは、まるでみにくいアヒルの子の白鳥への変身のようです。

あの童話は、姿形の美しさの格差というよりはヨーロッパ社会の階級格差の厳しさを暗示しているように思えます。


何をしてもうまくいかず、皆から嫌われて何の役にも立たないし、人の親切を無げにするどこに行っても居場所のないアヒルの子。このアヒルの子に心から共感する人も多いのではないでしょうか。誰しもこういうことを経験し思い当たる節があるはずです。

ずっと独りだった人、ずっと消えていなくなってしまいたかった人、ただ逃げてばかりだった人……。みんな孤独なのです。それでも生きねばなりません。

人間は、命は平等でも、現実社会では人としての評価は平等ではないのかもしれません。

それでもアヒルの子は白鳥になれました。現実は辛く厳しいけれど、頑張って生きていけば、そのうちに明るい未来は必ずやって来る。心に希望を持って生きること。

生きていさえすれば、幸せになるチャンスなんていくらでもあります。

どんなにつらい境遇でも、希望がもてれば心に力が生まれてくるもの。アヒルの子と白鳥に例えていますが、醜いものから、美しくなると言うことは、どんな辛く悲しいことがあっても、生きていさえすれば今、努力していることがいつか実を結ぶときがやってくるということです。

アンデルセンは、自身とみにくいアヒルの子を重ね合わせ、どんな人でも、生きていれば幸せになる可能性があることを伝えたかったのかもしれません。

頑張って生き抜いていけば、誰しも最後はハッピーエンドで終わる、ということをこの物語で言いたかったのではないでしょうか。

「みにくいアヒルの子」のお話は、現代においても、タックの生い立ちと非常に重なりました。

臆病で非常に癖の強い子で咬傷犬として保健所に持ち込まれたタックも、最初は手が付けられませんでしたが、今ではとても優秀で優しい犬になっています。

恐怖による臆病も、環境が整うことによって消えていきました。そんな状況の中で、持ち前の優れた嗅覚の持ち主であることが発揮され、それが追跡という持ち前の能力を発揮することになるのです。

元飼い主からダメ犬だと捨てられた子も、愛情を持って接すれば生まれ変われる。それは簡単ではありませんでしたが、その子をまず無条件に愛することが一番の基本だったと思います。

愛情を注ぎ、受け止めてくれて、そして心を開いてくれたときの喜びと愛おしさはまた格別です。

タックも愛情と躾によって生まれ変わりました。環境によって、犬も生まれ変わることができるということを、タックは体当たりで教えてくれました。

これは、どの子（犬猫）にも言えることです。犬生も猫生も飼い主によって決まります。

どんな訳ありの子も『みにくいアヒルの子』のように、必ず最後にはハッピーエンドで終わってほしいものですね。

あとがき

原稿を書き終えて、これまでを振り返ってみますと、奇蹟というものは自分の心の中にすでに潜在的にあるものなのではないか？　と思うようになりました。

何故なら現実的に行動しなければ、思うだけでは何も始まらないのだから、思い切って行動したことによってこそ、神がかりな奇蹟が生まれる。すべて自分が引き寄せた現実なのだと。

何も動かないところから奇蹟は決して生まれることはない。まずは行動ありき。奇蹟は信ずるものにのみ起こる。神は奇蹟を信じて、まずは動く者にしか味方しないのだから。

タックとは出会いはまさに、神がかりな運命ともいえるものでした。

見切り発車といえども、チャンスの女神は前髪しかない、一瞬だ。

必ず上手くいくと信じて思い切って運をつかみ、引き取ったという行動。そして引き取れたからこそ、そこから未来が始まり奇蹟が始まった。

だからこそタックと一緒に二人三脚で頑張ってきて今があり、これからの輝かしい未来も待っているのです。


危機一髪で命がつながったタックを通して、見捨てられて殺処分対象だった犬が、生きてどんな形だとしても、人の役に立つことができるということをたくさんの人々に分かって欲しい。

みんな命があって生きていることに意味がある、生きているからこそ可能性がある、決して無駄な命なんてない、ということを世に知らしめたい。そういう思いで、体当たりでずっと奇蹟が起こると信じて行動してきました。

世の中には、理不尽にも人間の勝手な都合で捨てられて、生きることを許されない命がたくさん存在していることを知ってほしい。

今この瞬間にでも、日々殺処分は行われていて、物言えず亡くなる命が目に見えなくとも現実に起こっています。

彼ら自身は生き方を選ぶことができない。変えなければならないのはいつも人間の方です。

動物を見殺しにするのも人間。そしてそこから救い出せるのも人間です。

みんな生きたい、生きていて幸せになりたい。だから、今、飼い主のない子たちにもう一度生きる機会を与えてほしい。


もし、新しいペットを考えているのならシェルター（保健所）から貰って下さい。そこにはあなたの運命の子が待ち構えているかもしれません。その子はあなたの人生をより良く変えるような運命共同体になり得るのです。

今、不幸な状況にいる子たちにも救いの手が差し伸べられて、幸運が連鎖して、一匹でも多くの子に幸せな奇蹟が起こるということを祈るばかりです。


殺処分、その現実を知らない人が意外にもたくさんいます。

タックをきっかけに、こんな悲惨な現状を知ってもらい、その現実に目が向いて価値観が変わり、状況が少しでも変わってくると祈って書きました。

何の力もない私個人の微々たる行動にしか過ぎませんが、タックのように一度捨てられたとしても、セカンドチャンスを掴んで新しい犬生を歩んでいるということを一人でも多くの人々に知ってもらうことで、一つでも多く命が救われることに繋がるはずです。

捨てる神あれば拾う神あり。

そんな拾う神様には、考え方第で誰でもなりうるのです。

犬も猫も心があって感情があります。みんな幸せになりたいのです。

それぞれが持っている命のロウソクの灯を暖かい家庭で完全燃焼させて、一匹でも多くの子たちがハッピーエンドで幸せな天寿を全うしてほしい。

少しでもそんな世の中に近づくことを心から願います。

今はだれが見てもタックが保健所出身の犬とは思いません。

私とタックはこれからも二人三脚で力を合わせて、身近なところから、あらゆる可能性に挑戦し続けて、タックのお話を伝えていきます。

生きている限り、タックと私の軌跡は続いて、これからも心に残る本を書き続けるでしょう。

一匹でも多くの不幸な境遇にある犬たちが幸せをつかめるように。最高のパートナーと共に。

ゆりあ（優李阿）

保護犬タック 命の奇蹟

著　者　　ゆりあ（優李阿）
発行者　　真船美保子
発行所　　KK ロングセラーズ
　　　　　東京都新宿区高田馬場 2-1-2　〒169-0075
　　　　　電話（03）3204-5161（代）　振替 00120-7-145737
　　　　　http://www.kklong.co.jp

印刷・製本　　大日本印刷（株）

落丁・乱丁はお取り替えいたします。※定価と発行日はカバーに表示してあります。

ISBN978-4-8454-2474-0　Printed In Japan 2021